武蔵国幡羅郡から見た古代史

知久裕昭
Chiku Hiroaki

北武蔵歴史探訪

まつやま書房

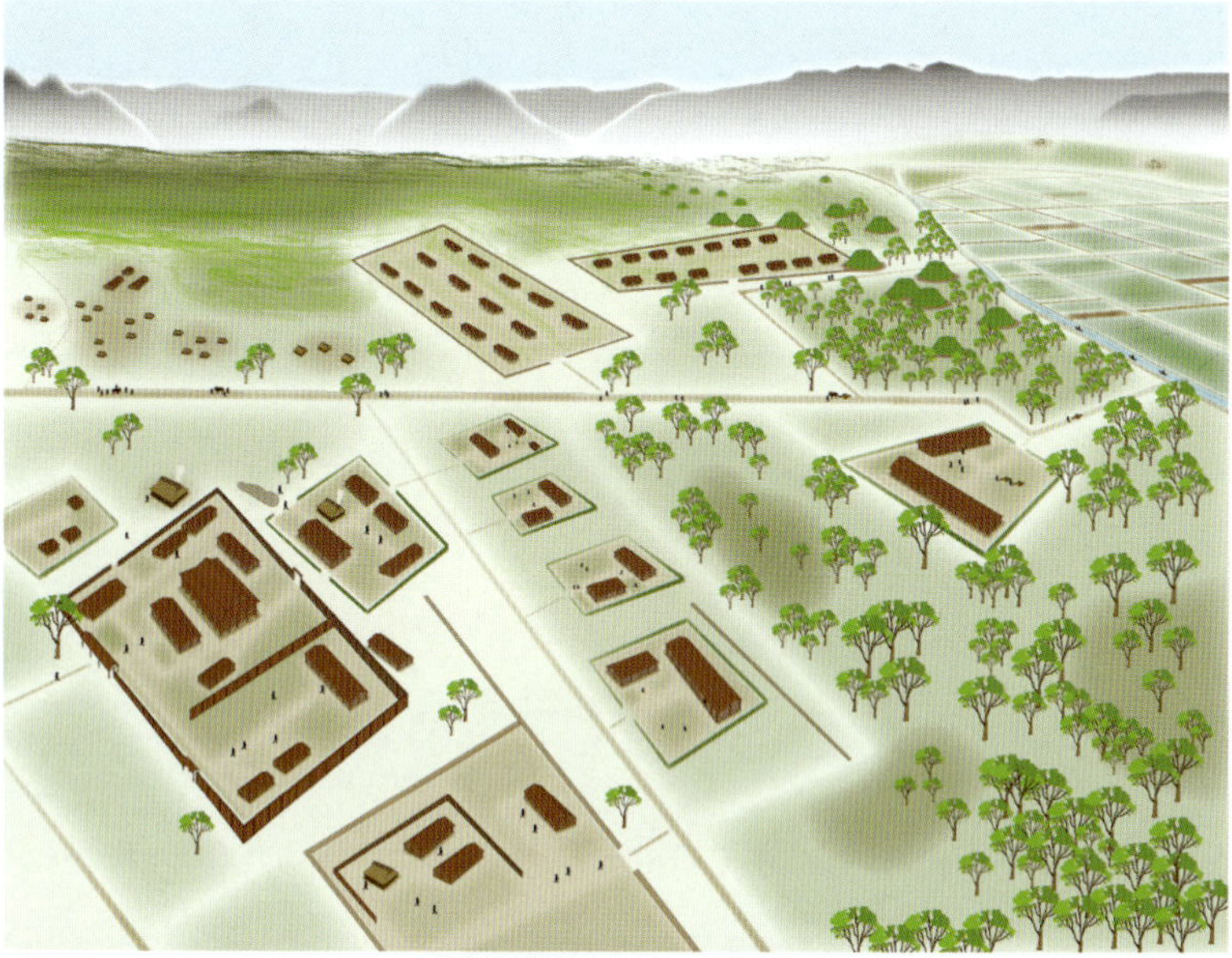

幡羅遺跡イメージ図

現在の幡羅遺跡跡航空写真

「中宿歴史公園」に復元された正倉　深谷市教育委員会提供

幡羅遺跡第95号竪穴建物跡　深谷市教育委員会

宮ヶ谷戸遺跡出土「原郡」刻字紡錘車
深谷市教育委員会提供

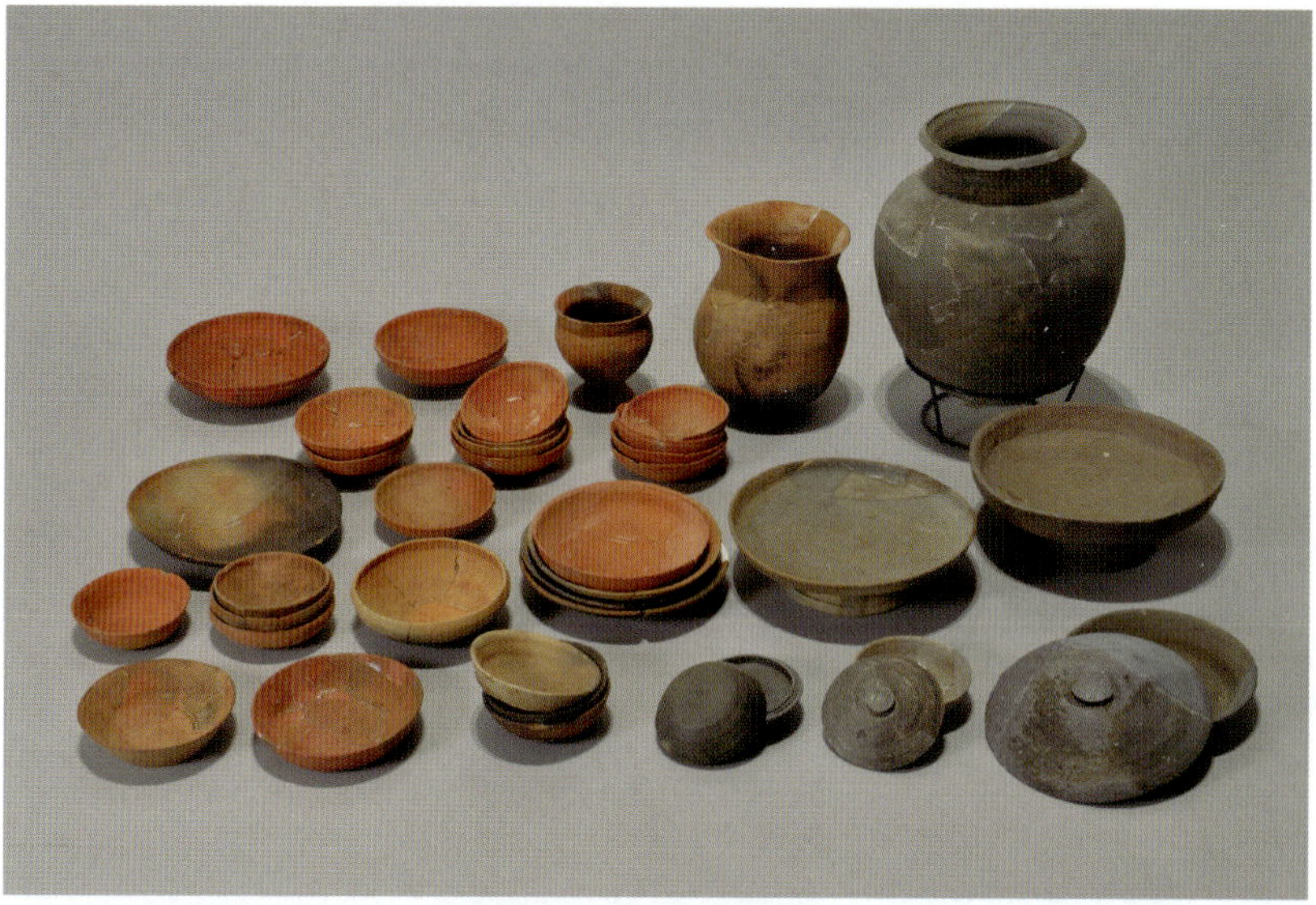

廃棄土坑出土の土器　深谷市教育委員会提供

幡羅遺跡第5次調査区で出土した炭化米
深谷市教育委員会提供

幡羅遺跡第26号竪穴建物跡鍛冶炉
深谷市教育委員会提供

推薦の辞

知久裕昭さんは一九九八年に深谷市教育委員会に奉職した。それ以来一貫して文化財保護に従事し、数々の発掘調査にも従事した。知久さんの調査は緻密にして効率的であると、誰もが評価する。緻密と効率を両立させることは並大抵のことではない。この相反することを成し遂げる要因は、もって生まれた能力もあるが、多くの研究者と交流して研鑽を積み重ねてきたからである。

知久さんは当初から幡羅遺跡にかかわり、最初の調査で検出した遺構を、正倉にかかわるものと見抜いた。この眼力は、若くして高い見識をもっていたことを物語っている。また、発掘調査員には学問だけでなく謙虚さが必要で、謙虚さがなければ調査員の問いかけに遺跡は無言を貫く。私は「学問は人なり」と思っているが、遺跡も人を見ており、知久さんの人柄に遺跡は応えてくれたのである。最初の段階で遺構の重要さを見過ごしていたら、幡羅遺跡は世に出ることなく、その運命も変わっていたかも知れない。その後の何回にもわたる調査で、幡羅遺跡は幡羅郡家であることが判明した。

それまで埼玉県内では榛沢郡家の正倉（深谷市中宿遺跡）が検出されただけで、正倉以外の郡家遺構は確認されていなかった。それら遺構が幡羅遺跡ではじめて確認されたことは画期的な出来事で、多くの研究者が待ち望んでいたのである。幸運の女神は努力した者に微笑むのである。

本書は、知久さんのこれまでの研究の総決算といってもよい。今般の研究者の研究対象・範囲は狭いが、一読していただくとお解りいただけるが、知久さんの研究は「広く、深い」。幡羅郡の成立も古墳時代から説き起こし、とくに「ハラ」という地名を、朝鮮半島からの渡来人とのかかわりで掘り下げている。さらに、幡羅郡内及び周辺地域の遺跡を再検討して郡家とのかかわりを探り出し、新たな生命と歴史的価値を付与している。本書は、こうした成果をもとに書かれているが、本書以上に幡羅郡の歴史を掘り下げた書籍はこれまでに知られていない。

知久さんはこれからも大きく伸びる人である。幡羅郡の研究は大きく前進したが、研究が一歩進むとまた課題が生まれる。今後、新たな課題に取り組むとともに、地域から古代史を再構築することを期待したい。

埼玉考古学会会長　高橋　一夫

はじめに

　唐突ではあるが、現在の地域の枠組みは、古代に形成されたといって過言ではない。なぜなら、行政区や地名には、奈良時代の頃に成立したものが多く存在するからである。その頃に由来する、または由来するとされる神社、寺院なども数多い。ここで取り上げる武蔵国幡羅郡は、「幡羅」という漢字表記まで含めると、その成立は奈良時代に入ってからだが、行政区としては飛鳥時代の終わりにすでに成立している。その後、中世・近世を経て、近代以降の郡制において大里郡に編入される。しかし、「幡羅」という名は、幡羅郡の中心だった場所で、現代に至っても地域名や地名として残る。

　古代の武蔵国幡羅郡は、現在の行政区では、埼玉県深谷市東部と熊谷市西部にあたる。その幡羅郡の話を始める前に、古代という時代の律令制国家の成立について触れる必要がある。さらにその前に、その頃の東アジアの国際状況も知っておいた方が良いだろう。なぜなら、当時においても日本は国際社会の一員であり、特に朝鮮半島を巡る外交問題は、国内に大きな影響を与えうるものであり、律令制のもと地域が編成される出発点だったからである。古代律令制国家成立の背景には、緊迫する東アジア情勢があった。七世紀、中国では隋が滅亡し、唐が六一八年に成立し、律令法に基づく中央集権国家を整備し、周辺諸国を圧迫する。この強大な国家の出現に対し、朝鮮半島の百済・高句麗ではクーデターによる権力集中が図られ、新羅では救援を求めた唐からの要求を巡って内乱状態になる。

日本（当時は倭）では、蘇我氏宗家が倒される乙巳の変が起こり、その後、大化の改新と呼ばれる一連の改革により、唐を倣った中央集権的な律令国家の建設が進められる。乙巳の変の直接的な要因は国内情勢の問題に求められるが、一方で、石母田正氏が「大化改新や壬申の乱も、東アジアの戦争と内乱の周期という広い視野のなかでとらえるべき」（石母田一九七一）というように、こうした動きは、東アジアの国際情勢に対応したものとも考えられる。そして、様々な改革を経て、税制などが統一されて国家的な仕組みが整い、都に近い畿内だけでなく地方社会も、それまでの地方豪族を介しての緩やかな支配形態ではなく、国―郡―郷（里）が置かれる一元的な支配体制へと整備されていくことになる。唐の勢力拡大を契機とした朝鮮半島を巡る外交問題に対応しつつ、白村江の敗戦（六六三年）後は、唐や新羅からの直接的な脅威に晒されながら、最終的には唐の先進的な国家体制を輸入して中央集権化を果たした訳であり、例えるなら、明治維新後に西欧諸国の制度や文化を取り入れて近代国家となった、明治時代に重なる部分も多い。

これから述べていくのは、飛鳥時代の終わり頃から平安時代前期を中心とする。日本と

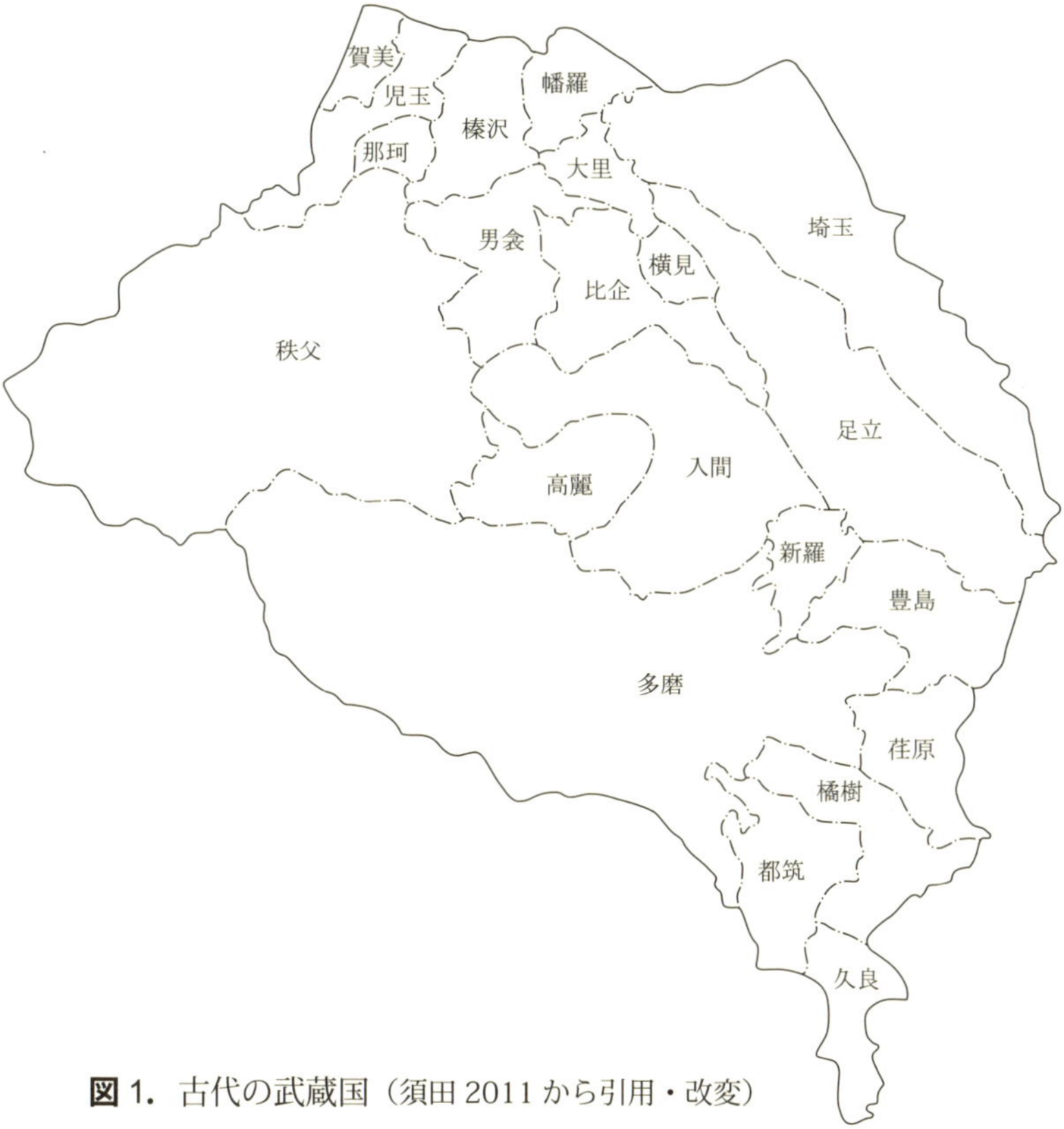

図 1. 古代の武蔵国（須田 2011 から引用・改変）

いう国家の形が整えられた時代と位置づけることもできる時代である。この時代は、そんな日本の一大画期にあたるが、日本史の授業で勉強するのは、都のあった畿内やあるいは大陸で起きた事件がほとんどである。武蔵国北部のような東国の片隅でどのような営みがあったのか、ということは一般的にはあまり知られることはなく、日本の古代史自体が、身近なものに感じられないかも知れない。しかし、古代に起きた出来事は、私たちの郷土、そして郷土に住む人々に大きな影響を及ぼし、時に翻弄したことであろう。そして、それを物語る遺跡は、身近な所に数多く存在しているのである。

今回取り上げるのは、現在の深谷市東部から熊谷市西部にかけての地域で、古代は武蔵国幡羅郡が置かれた地域である。幡羅郡内にも数多くの古代遺跡があり、その中心であった郡家（郡役所）跡が平成一三年に発見された。郡家とは古代の郡役所のことであり、郡衙という用語が用いられることもある。発見された幡羅郡家跡は幡羅遺跡と名付けられ、隣接して西別府廃寺、西別府祭祀遺跡がある。これらは一体で機能していたとみられ、総称して幡羅官衙遺跡群などと呼ばれる。遺跡群の保存状態は良く、発掘調査も進展したことから、古代幡羅郡の中心であったこの遺跡群、そして周囲に分布するその他多くの遺跡を通して、古代幡羅郡のことを具体的に検討できるようになってきている。それらに光をあて、古代日本の歴史の中で、幡羅郡という北武蔵の一地方がどのような歴史をたどってきたのか、紐解いていこう。

また本書を刊行するにあたり、編集趣旨に賛同し、多岐にわたる資料を提供していただいた深谷市教育委員会に、この場を借りて心からお礼を申し上げます。

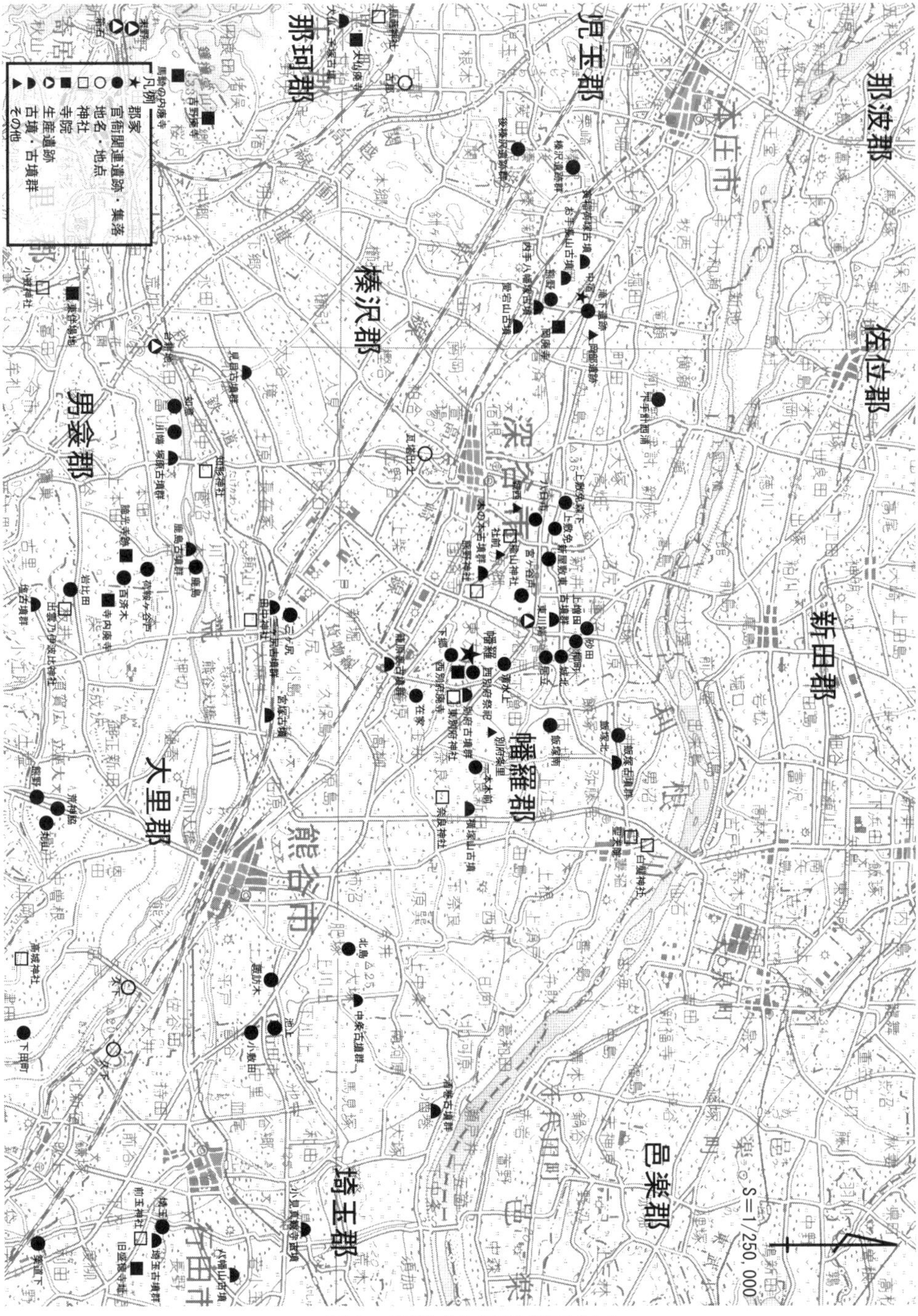

図 2. 関係する遺跡等案内図

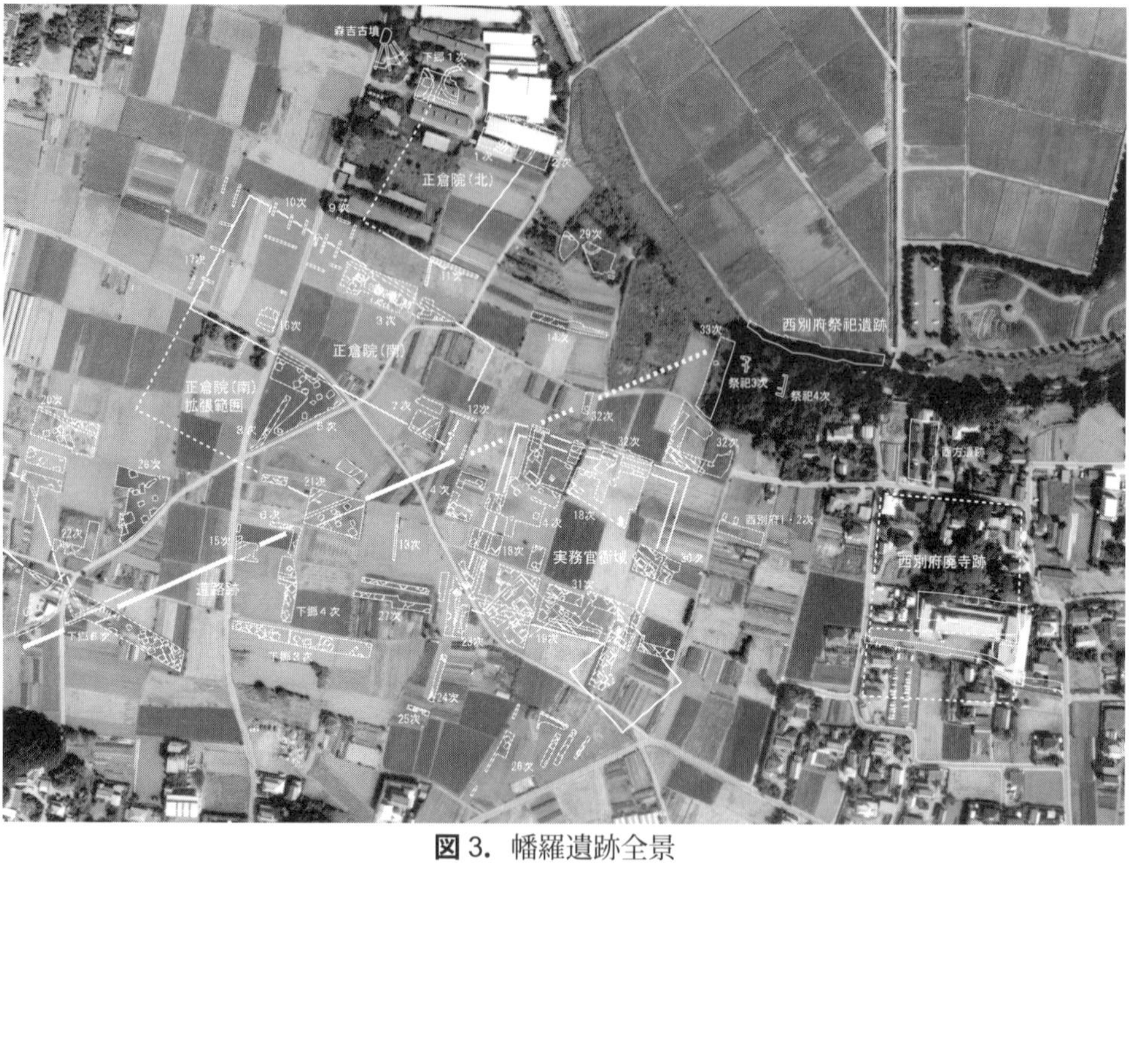
森吉古墳
下郷1次
正倉院(北)
10次
9次
17次
11次
29次
16次
3次
正倉院(南)
14次
33次
西別府祭祀遺跡
正倉院(南)
拡張範囲
祭祀3次
祭祀4次
7次
12次
32次
8次
5次
26次
21次
4次
18次
6次
15次
13次
実務官衙域
西別府1・2次
30次
西別府廃寺跡
道路跡
31次
下郷4次
27次
下郷3次
23次
19次
24次
25次

図 3. 幡羅遺跡全景

一　古代幡羅郡の概観

a　幡羅という地名

当時の郡名である幡羅という地名は、現在は「ハタラ」と読まれ、明治時代の幡羅村を経て、今でも主に地域名として用いられている。現在の幡羅地区は深谷市東部にあり、原郷、東方、本田ケ谷、国済寺などといった地区が含まれる。しかし、古代における幡羅郡域はもっと広い範囲であり、今の幡羅地区はその一部の範囲にすぎない。では、幡羅という、渡来人との関係もしばしば指摘される地名は、一体いつできたのだろうか。平安時代中期に編まれた辞書である和名類聚抄には、武蔵国二一郡の一つとして幡羅郡があり、「原（ハラ）」と読まれている。武蔵国府周辺や武蔵国分寺、武蔵国分寺に供給する瓦を生産した窯などから出土した文字瓦には「播」「播羅」「播瓦」の刻印やヘラ書きがみられ、三大格式の一つ延喜式には「播羅」と記載されるなど、「幡羅」の他に「播羅」と表記されることが多かっ

図 4. 新沼窯跡出土「播」文字瓦（鳩山町教育委員会 2016 から引用）

たと思われる。深谷市宮ケ谷戸にある宮ケ谷戸遺跡から出土した刻字紡錘車には「原郡」と刻まれ、幡羅遺跡出土の墨書土器には「婆羅」とあるなど、当時は文字そのものよりも、その表す音が重要であり、出土文字資料などには、「ハラ」または「ハ」という音を表す字を記した資料が他にもみられる。また、寿永二年（一一八三）の源頼朝寄進状（『鶴岡八幡宮文書』）には、「武蔵国波羅郡瓺尻郷」とあることから、少なくとも中世頃までは、「ハラ」という読み方がされていた。現在の原郷は、正式には幡羅郷と表記される場所だったはずである。

「幡羅」という漢字と、「ハタラ」という現代の読み方から、渡来系の人々が深く関与したといわれることが多い。しかし、武蔵国高麗郡や新羅郡、あるいは上野国多胡郡のように、その由来が史料に残り、はっきりしている郡とは異なり、地名などの状況証拠から想定されてきたのである。

この地域が「ハラ」と呼ばれるようになったのはいつのことか正確にはわからないが、元々は平地が広がる地形を意味する名称だったのであろうか。藤原京から出土した木簡には、「原評」や「原郡」と読むことのできるものが数点出土しており、飛鳥時代の終わり頃には「原」という字があてられることが多かったと思われる。ここに「幡羅」あるいは「播羅」という字が公式にあてられたのは、いわゆる好字令（好二字令）による。全国に『風土記』の作成を命じた『続日本紀』和銅六年（七一三）五月二日条には、各郡内の産物や動植物、地名の由来、伝説などの報告を求めるとともに、「畿内と七道諸国の郡・郷の名称は、好い字を選んで付けよ」とある。この時に「幡」（当初は「播」だったかも知れない）及び「羅」という漢字が選ばれた理由は何であろうか。

写真 1. 宮ケ谷戸遺跡出土「原郡」刻字紡錘車
（深谷市教育委員会提供）

江戸時代になると、「旛羅」という漢字もあてられるようになる。「ハラ」から「ハタラ」へと読み方が変化したのは、特に「旛羅」という文字に引きずられたのであり、それとともに、「播羅」などの「ハラ」と読む文字は使用されなくなっていったのであろう。ただ、享保一七年（一七三二）の『歓喜院本聖天宮略縁起』には「播羅郡」とあるから、「ハタラ」という読みが一般化したのは、江戸時代でも中頃以降の割と最近のことだったといえるのかも知れない。そして、郡名郷の「幡羅郷」は、「ハラ」という読みを残して、現在も「原郷」という字名として存在している。

b　幡羅郡の範囲

古代の幡羅郡域は、おおよそ合併前の深谷市東部、熊谷市西部、旧妻沼町等の範囲である。しかし、郡界は正確にはわからず、また郡域は時代により変化することもある。例えば、男衾郡の南の郡界は、明治時代には寄居町と小川町の境、及び小川町の一部を含む範囲までだが、鎌倉時代の『吾妻鏡』に「男衾郡菅谷館」とあり、元々は南に大きく広がって現在の嵐山町や小川町の南部までも含まれていたと考えられる。各郡の境については、河川や道路が意識されていた可能性が高い。幡羅郡の場合、北は利根川、南や東は荒川とその旧流路だった可能性があり、西には現在の唐沢川と平行するような、台地の伏流水が流れた旧流路が想定される。また、西の郡界が推定される付近にある八日市遺跡では、南北に走る古代の道路跡が確認されている。北辺については、利根川の流路の変遷という問題はあるものの、ほとんど異論はないだろう。ここではその東西南の郡界についてみていきたい。

東の郡界は、『新編埼玉県史』によれば、熊谷市奈良や玉井の辺りとしている。また、奈良時代〜平安時代初期の荒川旧河道は、深谷市菅沼から同瀬山、熊谷市三ケ尻、同奈良の南東辺りを流れていた可能性がある（栗田一九五九）。まず、この付近から熊谷市葛和田の辺りまでを古代の郡界の有力な説とすることができる。一方、『大日本地名辞書』は、成田・中条などの地は元々幡羅郡域で、後世になって埼玉郡に入ったとしている。幡羅郡域を東に広く見た場合、郡界を考える上で問題となる場所には、弥生時代〜中世にかけての北島遺跡がある。現在の熊谷市上川上、スポーツ文化公園を中心に広がる遺跡で、古代では大集落があるほか、道路跡が注目される。道路跡は四時期にわたって東西に走り、最後の段階では南に曲がる。道路の性格としては、西の幡羅郡と東の埼玉郡、南の大里郡を結ぶ郡間道路と考えられる。また、数多くの墨書土器が出土しており、中には「横見郡」や大里郡楊井郷のこととみられる「楊井」といった明らかに他郡のものがあり、この遺跡が交通の要衝にあったことをうかがわせる。また、「西秦」の墨書土器がある。幡羅郡には上秦・下秦郷があることから、北島遺跡の発掘調査報告書では、「西秦」を秦郷内の地域呼称とする。ただし、郡家の館や交通の要衝などでは、郡域を越えた活動も行われることで、広域の遺物が入ってくることがある。「横見郡」などの墨書土器もその一例で、北島遺跡の地が、直ちに秦郷であったと断定できるわけではない。ただし、これらの墨書土器は、遺跡の性格や郡と郡の交流を考える上でとても重要な資料である。北島遺跡が幡羅郡域に入るか埼玉郡域に入るかは、見解の分かれる所であるが、いずれにせよ郡界付近にあり、広域的な活動の機能を担っていたことは確かであろう。

西から南の郡界は、後世の郡界を参考にすれば、おおむね深谷市街地の東を北に流れる唐沢川の近辺、そして深谷市折之口から瀬山付近にかけてとなる。唐沢川よりやや東の原郷地内にある八日市遺跡では、南北に走る道路跡が二本確認されている。一本は古代、もう一本は古代末~中世と考えている。この付近を郡界と考えることもできる。しかし、『大日本地名辞書』では、本来はもっと西及び南に広がっていたが、後世に榛沢郡に入ったとする。現代の深谷市街地は、近世には榛沢郡域であるが、深谷市の国済寺にある康応二年(一三九〇)の梵鐘に、「幡羅郡深谷庄」とあることなどが根拠とされる。

古代の郡域については、証明することはなかなか難しく、一つに断定することはできない。ここでは所説を整理するにとどめ、後述する郡内の郷や式内社の所でも再度触れることにしたい。

c　幡羅郡内の郷

古代律令制下では、国の下に郡、その下に郷が置かれた。郷とは元々は徴税単位となる人的集団である戸が五十まとめられた単位で、五十戸が一里とされ、里は後に郷と呼ばれるようになった。幡羅郡は『和名類聚抄』によれば、上秦、下秦、広沢、荏原、幡羅、那珂、霜見、余戸の七郷一余戸がある。一戸の人数は定まっていないが、東大寺の正倉院に残された史料などから二〇人程度とみられ、推定される一郷の人口をおおよそ千人と考えると、幡羅郡の人口は八千人近くとなる。

幡羅郡家は郡域のほぼ中央で発見されたが、郡家は郡名郷に置かれるのを基本とするため、幡羅郡家のある今の深谷市東方は、古代の幡羅郷域であったと考えられる。幡羅郷が、今の幡羅地区くらいの範囲であったとすれば、郡家はその東端に位置していたことになる。また、那珂郷は郡の中央にあったことに由来するとみられ、『大日本地名辞書』では、熊谷市別府の地をあてている。別府の地名は、特別の符（文書）が与えられた土地などを表す「別符」に由来すると思われる。幡羅郡関係史料で、『続日本後紀』に「承和元年（八三四）二月十七日、武蔵国播羅郡荒廃田百廿三町奉レ充二冷泉院一」とあり、郡内の一二三町にも及ぶ荒廃田が再開発されて、冷泉院領にあてられたことが記されている。一二三町の水田は、別府の地名の元になっただろう別符田になりえたとみると、熊谷市東別府に広がる別府条里であった可能性が考えられる。

さて、『和名類聚抄』における通常の郡名や郷名の記載順は、東国の場合、郡名は都に近い西から東へ、郷名は時計回りに記載されるのが基本である（平川一九九五）。郷名に関してはきれいな時計回りとまではいかないだろうが、前後に記載される郷は隣り合っていたと思われる。幡羅郷の次に那珂郷が記されるのは、郡の中心地にある比定地からみても当然である。幡羅郷の前の荏原郷も隣接しているはずである。そのように、『和名類聚抄』の郷名記載順などを手がかりにして、幡羅郷を中心としたネットワークも復元が可能である。すでに挙げた幡羅・那珂郷以外の郷についてもみていきたい。

まず、上秦・下秦郷は、元々の秦郷が上・下に分割されたとみられる。先に挙げた北島遺跡出土「西秦」墨書土器が記すのは、そのいずれかの地のことかも知れない。現在の熊谷市北部には秦の地名があるが、これは明治の郡編成の際、葛和田、俵瀬、日向、弁財等を合わせて秦村ができて以降の地名である。そのため、古代の秦郷の場所は検討を要する。『新編埼玉県史』では、秦郷の位置を熊谷市奈良周辺から玉井辺りまでとし、『大日本地名辞書』は、「其上秦、下秦は後世埼玉郡に入り如し、即成田、中条等の地なり」としている。

前章で述べたが、推定される荒川の旧河道などから考えると前者の説が妥当と考えられるが、断定することは難しい。いずれにせよ、上秦・下秦郷の地は郡の北東部の可能性が高く、現代の秦の地域も含まれてくると想定できよう。

次に広沢郷は、『日本地理志料』では、広瀬の誤りとして、熊谷市石原から三ケ尻にかけての地を比定している。一方、『大日本地名辞書』では、旧妻沼町域の福川左岸の地をあてている。その次に記載される荘原郷は、深谷市北部に江原、熊谷市北部の旧妻沼町域に古江原の地名があり、この周辺地域であることはほぼ確実である。『和名類聚抄』の記載順を考えると、荘原郷の次の幡羅郷は隣り合っており、その前の広沢郷は、荘原郷に比定される地域に隣接する旧妻沼町域の福川左岸がふさわしい。

那珂郷の次の霜見郷は、『日本地理志料』及び『新編埼玉県史』は旧妻沼町北部の地をあてているが、この地は広沢郷の可能性が高いため、『大日本地名辞書』にあるように、熊谷市三ケ尻や深谷市藤沢周辺と考えることが妥当と思われる。幡羅郡域を広く考える『大日本地名辞書』によれば、深谷市武川辺りまでもこれに含まれたという。最後に、余戸は五十戸に満たない戸が編成されたものである。詳細は不明だが、『大日本地名辞書』では、「霜見の余戸なるべし」としている。

二　幡羅郡内の延喜式内社

神道は日本古来の宗教で、神々を祀る神社は、律令制国家にとって寺院とともに欠かせない重要なものだった。その中でも特に格式が高いものについては『延喜式』に記載された。『延喜式』とは、平安時代中期の延長五年（九二七）に編纂された格式（律令の施行細則）で、その巻九と巻一〇は祈年祭で奉幣を受ける二八六一社の神社が記載され、延喜式神名帳と呼ばれる。ここに記載された延喜式内社は、当時朝廷から重要視された神社であり、幡羅郡には白髪神社・田中神社・楡山神社・奈良神社の四社が記載されている。前述したように、郡域は変化している可能性が考えられるが、四社の現在の位置は、郡界に近い郡の東西南北に位置している。また、神社は移転する場合もあり、現在式内社とされる場所が、必ずしも古代の式内社の場所だったとは限らない。そのため、式内社の比定には諸説があり、郡域や郡界と同様に断定することは難しいが、諸説を整理して一つずつみていき

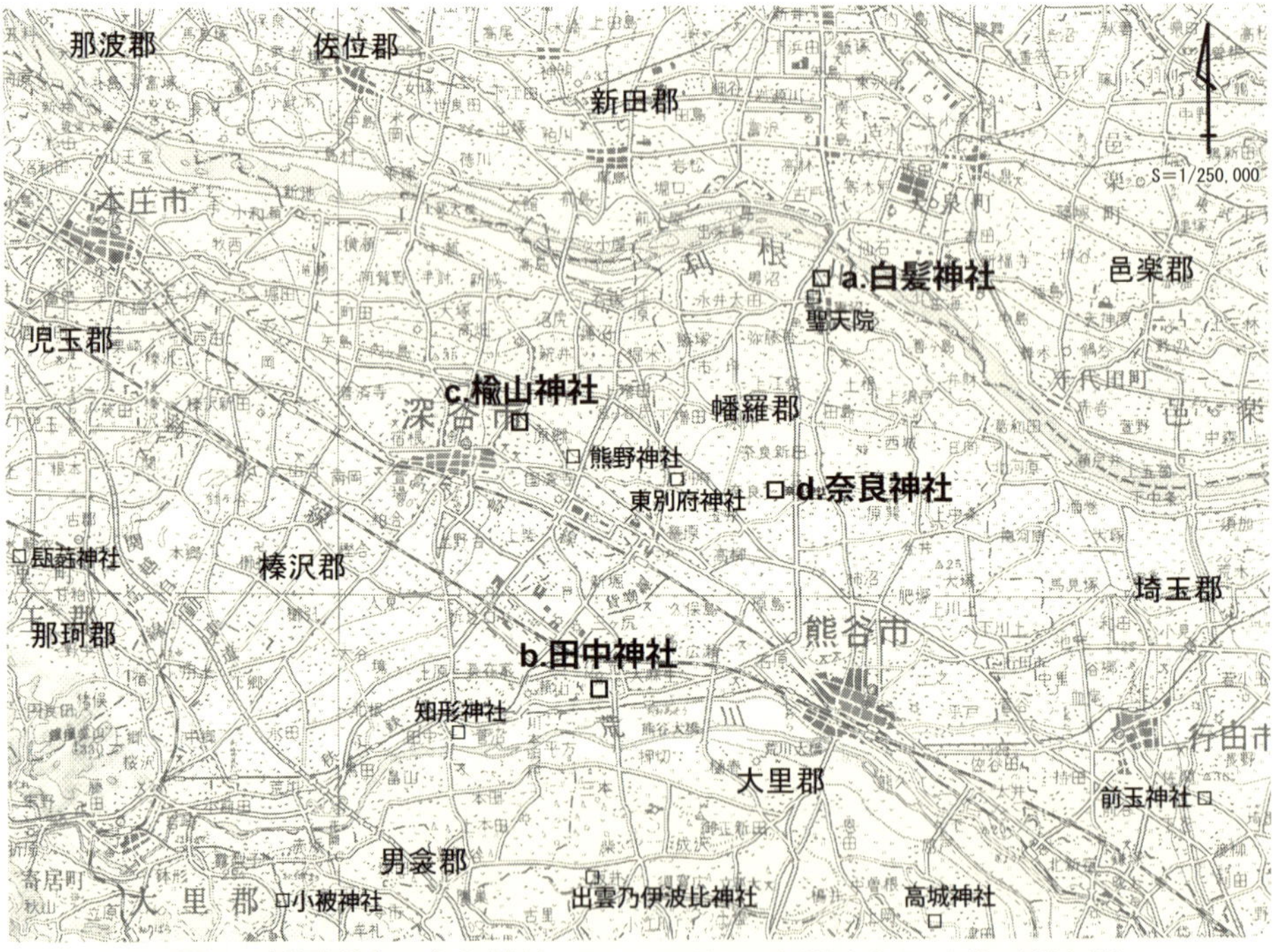

図 5. 幡羅郡内の主な神社（「図 2. 関係する遺跡等案内図」を基に編集加筆）

たい。

a　白髪神社

現在の白髪神社は、熊谷市妻沼にあり、利根川に近い畑の中に、小さな社殿が建っている。『妻沼町誌 全』には「現在の社殿は後年奉遷せるものにして其年月並建築年月共に不詳」とあり、古代の社殿の位置をここに求めるのは難しいと思われる。白髪神社は妻沼聖天宮の前身とする説もあり、『妻沼町誌』では、榛沢郡岡部領大塚村の名主、根岸伊兵衛が安永元年（一七七二）に著した『武乾記』から、「社殿の伝によれば、往古は白髪神社にして、延喜式に載する所の古社也。別当実盛信仰し、治承に至り、越前国金ケ崎城より聖天宮を当社に持来り合祀す、故に社名を聖天宮と申し奉る。後に白髪神社は別に祠を建て尊を奉ぜりと

写真 2. 現在の白髪神社

いう」伝を載せている。『大日本地名辞書』では、「近年式内播羅郡白髪神社を以て、聖天宮に擬する者あれども、明徴あるにあらず」と否定的であるが、妻沼聖天宮そして永く聖天宮と混祀されていたとされる大我井神社は、現在の白髪神社から約六〇〇m南西にあり、周辺には古墳時代などの遺跡があり、その可能性は否定できない。

白髪神社の名称は、清寧天皇の名を付けた名代である白髪部と深い関係を持つ可能性がある。そして、これと似た名の白鬚神社としばしば混同されることがある。その中で注目されるものとして、熊谷市東別府にある東別府神社の社殿隅には、「延喜式内 白鬚祠」と刻まれた高さ一m程の小さな石碑がひっそりと建っている。地元の古老によると、社務所を新築する際に地中から出てきたものらしい（『別府村史』）。この石碑がいつ頃のものであるのか、元々そこに建てられていたものが埋まってしまったのか、あるいは別の場所から持ち運ばれた後に埋まったのか不明である。またこの場所に、ある時期の白髪神社があったか、それとは別の神社があったのかはわからない。別の神社があったとすれば、いつしか式内社と関連付けられて伝わった可能性も考えられる。白髪神社は、幡羅郡四式内社の中で、最も見解が分かれるものである。移転を繰り返していた場合、あるいはこれらの説すべてが正しいのかも知れないが、いずれにせよ謎多き神社である。

なお、東別府神社は、幡羅郡家から東に約一・五キロとやや近い位置にある。平安時代

上）**写真3．**東別府神社

左）**写真4．**東別府神社内「延喜式内　白鬚祠」石碑

末頃から中世にかけて別府氏の館があった場所で、別府次郎行隆が奈良の春日神社を勧請創立し、稲荷神社を配祀したものと伝えられる。明治四二年には、別府村内各所にあった神社がそこへ移転合祀された（『大里郡神社誌』）。『新編武蔵風土記稿』は、東別府村春日社を式内白髪神社であったとする説（『式内神社考』）、深谷市東方にある熊野大神社が白髪神社であったという言い伝えを載せ、『大日本地名辞書』は、熊野大神社を白髪神社とする説をとる。しかし、熊野大神社の社伝によれば、延長五年（九二七）に小祠が建てられたのを創建としており、延長五年に撰進された延喜式の編纂時期との関係から疑問符が付く。なお、熊野大神社は、幡羅郡家から西に一・五㎞と近くにあり、幡羅遺跡地内の字森吉から出土したとされる須恵質の家形土製品（深谷市指定文化財）が保管されている。

b　田中神社

熊谷市三ヶ尻の国道一四〇号バイパスの脇に、小さな社殿が建っている。昭和五年刊行の『大里郡神社誌』では、その由緒を「創立年月不詳、水田の中に在るを以て田中大神と云ひ延喜式神名帳に載る武藏國旛羅郡田中神社は之れなりと古老の口碑に言ひ傳ふ」と記す。鳥居の脇には、半ば埋まっている自然石があり、幡羅・大里・榛澤の三郡の境界を示す石というわれが石碑に刻まれている。確かに近世・近代においては、この場所は三郡の境界付近にあるが、境界石とそのいわれが古代にまで遡るかは検討を要するだろう。

これに対し、『大日本地名辞書』は、「三尻の田中天神を以て、式内に擬せるも、村名にも後世まで田中と存るを想へば、此なる知形明神ぞ、式内ならん」としている。ここにある知形明神は、深谷市田中にある應正寺に隣接する知形大神社のことであるが、神社の由来について詳細は不明である。幡羅郡域を小さくみた場合、深谷市田中の地は男衾郡となるが、知形大神社を幡羅郡にあった式内社とみると、郡域は広く捉えることができる。

写真 5. 現在の田中神社

なお、現在の田中神社北方には、三ヶ尻遺跡や三ヶ尻古墳群などがある。一方、知形大神社から少し離れて西方には見目古墳群があり、荒川の対岸には塚原古墳群や川端遺跡などの集落跡があるが、古墳時代や古代の集落は近くに確認されてはいない。古集落などの分布からは、現在の田中神社が古代まで遡る可能性を考えたいところである。

c　楡山神社

深谷市原郷の県道が交わる三叉路に面し、櫛挽台地の先端部に立地する。周囲の台地上には、古墳時代後期の木の本古墳群が分布し、北に広がる低地部には、古墳時代〜古代を中心とする集落が多数存在する。周辺からは道路跡がいくつか確認されており、古代に遡るものもある。また、この地は八日市の小字があり、中世頃には定期市も開かれたことだろう。こうしたことから、この地が交通の拠点だったことをうかがうことができる。

写真 6. 現在の楡山神社

楡山神社は、毎年節分の時には、年越祭が盛大に催され、多くの参詣者で賑わっている。江戸時代には「熊野三社大権現」「熊野社」「楡山熊野社」などとも呼ばれたらしい。創立年代は不詳だが、幡羅郡総社、または総鎮守ともいわれる。神社名は神域一帯に楡の木が多く繁茂していたことによるといわれ、境内にあった樹齢約六〇〇年、樹高約一〇mのハルニレが埼玉県指定天然記念物に指定されていたが、枯死により現存しない。

『新編武蔵風土記稿』では、原郷の熊野社、すなわち楡山神社について、「この社を土人楡山神社と唱え郡の惣鎮守なり・土人の唱る如くにて延喜式神社なりや」とする。「式社には白髪神社・楡山神社両社妻沼に在と考証土代に見ゆ」(『埼玉県村名誌』)とする異説もあるが、先に述べた、この地の重要性からも、現在の楡山神社を式内社と考えるべきであろう。

この楡山神社から約一・二km北西の、妻沼低地の自然堤防上にある上敷免森下遺跡は、弥生時代中期、古墳時代前期~古代にかけての小さな集落遺跡である。そこで、八世紀代の神社遺構が確認された(深谷市教育委員会二〇一三)。周

写真 7. 上敷免森下遺跡の神社遺構(深谷市教育委員会提供)

囲には、一六棟の竪穴建物跡があるものの、神社遺構と同時期のものは一棟しかなく、村外れに鎮座している様子がうかがえる。古代の神社は発見例があまり多くない。その要因には、寺院の屋根に葺かれた瓦のような特徴的な遺物が少なく、遺構の規模があまり大きくないことのほかに、多くがひっそりとした場所に建てられていたことも挙げられる。この神社遺構は、弘仁九年（八一八）に関東地方を襲った大地震で倒壊したことが発掘調査で確認されたが、建物倒壊後は建て直しが行われておらず、移転したと考えられる。楡山神社は、そこから約一・三km南東にあり、確証はないものの、上敷免森下遺跡の神社が移転した可能性もある。西の郡界を考える上でも、このことは関わってこよう。

d　奈良神社

熊谷市中奈良にあり、奈良村の総社とされ、中世には熊野社と呼ばれていた。奈良神社に関係する史料で、『文徳天皇実録』嘉祥三年（八五〇）五月丙申（一九日）条に、「和銅四年（七一一）神社之中。忽有二湧泉一。自然奔出。漑二田六百余町一。」とある。幡羅郡の南半は櫛挽台地、北半は妻沼低地であり、その境界付近では台地の先端湧水が所々でみられる。奈良神社の湧水も、こうした立地によるものであろう。

また、幡羅郡家に接する西別府祭祀遺跡でかつてこんこんと湧いていた泉も、同様の地

写真 8. 現在の奈良神社

形によるものである。そこには現在、湯殿神社があり、仮に、奈良神社の本来の場所が西別府祭祀遺跡の地であったと考えた場合は、湧水によって灌漑された田六百余町は、幡羅官衙遺跡群北方に広がる別府条里の地となろう。ただし、西別府祭祀遺跡では七世紀後半からすでに祭祀が行われており、湧水も七世紀後半の段階にはあったはずであることから、和銅四年に「忽有湧泉」という状況ではないため、その可能性は低いと思う。現在の奈良神社にもかつて湧水があったとされ、その北には水田が広がっている。日照りでも枯れることのない湧水による水田は、安定した生産力を持っており、こうした湧水が郡内に複数あることは、幡羅郡が実り豊かな土地だったことを示している。なお、奈良神社の周辺には、玉井古墳群や横塚山古墳などの遺跡が分布しており、集落の状況はあまりわかっていないが、古代以前から開かれた土地だったとみられる。

三　古墳時代の幡羅郡域

幡羅郡域には、旧石器時代の遺跡は少ないものの、縄文時代、弥生時代と古くからの遺跡が数多くある。さらに古墳時代、特に後期の六世紀頃になると、低地部で遺跡が爆発的に多くなり、開発が急速に進んだことを物語っている。

一章では、郡内の郷についてもみてきた。郷の範囲や場所の比定については異論もあるだろうが、これまでみてきた古代の各郷が推定される地域ごとに、古墳時代、とりわけ律令時代に入る前夜の遺跡の状況をみていきたい。

まず、秦郷に推定される地域の周辺にあたる熊谷市北東部は、集落跡の様相はあまり明らかにはなっていない。古墳は、奈良神社周辺に奈良古墳群があり、群中には墳長約三〇mを測る五世紀後半の前方後円墳である横塚山古墳がある。また、郡界付近にあり、埼玉郡、幡羅郡のいずれに属するか明らかでない北島遺跡は、弥生時代以来の大集落であるその北方には中条古墳群が広がる。群中の鎧塚古墳は墳長四三・八m、女塚一号墳は墳長四六mの、いずれも五世紀末頃の帆立貝式前方後円墳である。女塚一号墳は、武人埴輪や鼓・琴をもった人物などの埴輪が出土している。中条大塚古墳は、七世紀中葉～後葉の終末期古墳で、径約五九m、高さ約一・二mの低平な基壇上に、径三五m、高さ約四mの円丘が築造されている。現存するのは約四分の一程度だが、石室内から金銅製鞘尻金具、金箔装漆塗木棺の破片など、基壇上からは須恵器甕が列をなして出土している。これらの古墳が

写真 9. 横塚山古墳

写真 10. 中条大塚古墳

群中における歴代の盟主墳であろう。

広沢郷に推定される地域にあたる旧妻沼町北部には、飯塚北遺跡や飯塚古墳群などが確認されている。調査された古墳群は、一辺約二七ｍの方墳が最大で、径一五ｍ前後の円墳を主体とする。利根川の運ぶ土砂によって表土が厚い場所のため、まだ確認されていない遺跡も想定される地域である。

荏原郷に推定される地域にあたる深谷市江原周辺は、利根川に近いためやはり表土が厚い。上武道路建設や圃場整備などに伴って、砂田遺跡、柳町遺跡、城北遺跡、居立遺跡などの調査が進み、特に六世紀代の竪穴建物は非常に多く確認されている。それらの西方の自然堤防上には上増田古墳群がある。墳丘が残っているものはないが、径一〇～二〇ｍ程の円墳が確認されている。

幡羅郷に推定される地域にあたる深谷市原郷周辺、妻沼低地の自然堤防上には、上敷免遺跡をはじめ弥生時代以来の集落が多数存在し、古くから開発された地域である。特に六世紀になると竪穴建物の数は急激に増加する。古墳は、上敷免遺跡内で径約四四ｍの円墳が調査されている。同遺跡からは、かつて武人埴輪などが出土しており、周辺には群をなしていたと思われるが、後世の土取りなどで消滅してしまっている。上敷免遺跡では、奈良時代の土師器焼成窯が確認されており、古代には土師器の生産が行われていた。近世からは瓦や土管の生産も盛んで、利根川の氾濫による肥沃な土壌の下には、焼き物に適した粘土が豊富にあった。そうしたことから、近代には深谷市上敷免の地に日本煉瓦製造株式会社上敷免工場という大規模な煉瓦工場が設立されたのである。

その低地を望む台地上の縁辺には、六～七世紀前半の木の本古墳群が、いくつかの支群から成り東西約四㎞にわたって分布する。現在は一五基の古墳が墳丘を残す。その中の木の本古墳群第一〇号墳と幡羅遺跡地内の森吉古墳が帆立貝式前方後円墳で、前者は墳長約四〇ｍ、後者は約三六ｍを測る。木の本古墳群第三号墳は、それらより新しい七世紀初頭～前半の円墳で、径二八ｍを測る。今のところ、これらの古墳が盟主墳と想定される。なお、この古墳群などに埴輪を供給したとみられる割山埴輪窯跡が、深谷市上野台で確認されている。

写真11. 木の本古墳群第３号墳

那珂郷に推定される地域にあたる熊谷市別府周辺には、古墳時代前期以来の大集落の一本木前遺跡があり、六世紀代の竪穴建物は非常に多い。台地上には別府古墳群があり、現在では墳丘がほとんど残っていないが、主に六世紀代に築造されたとみられる。昭和八年（一九三三）の道路改修工事中に「円筒埴輪が五〇余本直角鍵形に配列されて発見」（『埼玉縣史』）とされており、規模はわからないが前方後円墳が存在した可能性も考えられる。

霜見郷に推定される地域の周辺にあたる熊谷市三ヶ尻周辺には、集落跡や三ヶ尻古墳群がある。天保三年（一八三二）に渡邊崋山が同地に滞在し復命した文中に記載があるなど、古くから知られていた。墳長三五～四〇ｍの三ヶ尻二子塚といった前方後円墳を中心に、五八基以上の円墳で構成された六～七世紀の古墳群である。

以上、幡羅郡域の地域ごとに、古墳時代の集落と古墳について概観してきた。各郷があったとみられる地域には、それぞれ既存の勢力があり、各地域をそれぞれの有力者が束ねたことを古墳は物語っている。発掘調査の進展は開発によるところが大きく、地域により格差があるため、一概に比較することはできないが、あえてそれらを比較すると、地域間に優劣はあまり認められない。幡羅郡家が置かれる地域は確かに古くから開発され集落も多いが、他の地域と比べると、取り立てて有力とはいい切れない状況である。

改新の詔によれば、大宝令制定以前の郡の呼び名である評の長官・次官には国造が優先され、性質が清廉で時務に堪える者を選んで任命されることになっている。『国造本紀』

によれば、武蔵国には无邪志、胸刺（无邪志と胸刺を同一のものとする考えがある）、秩父の三国造がいたとされる。『日本書紀』の中で武蔵国造職を巡る争いの記事で登場するのは、笠原直使主という人物である。争いの後、笠原直使主が武蔵（无邪志）国造に任命された。この一族が埼玉古墳群の造営氏族とみられ、五世紀の終わりから六世紀代を通して武蔵地方で最も大きな勢力を誇っていた。この記事は安閑天皇の時代（六世紀前半）の事件として書かれているが、そのまま鵜呑みにはできない。そもそも古墳時代における地方行政官である国造は、かつては四世紀末から五世紀初め頃に成立したとする説があったが、現在では六世紀代に求める説が一般的であり、東国における国造制の成立が六世紀末まで下ると考える説もある（篠川二〇〇二）。

六世紀末〜七世紀初頭になると、埼玉古墳群

写真 12．八幡山古墳石室

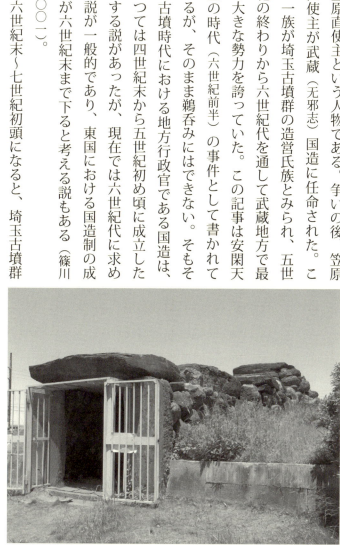

から北に約三・五㎞の行田市小見に墳長一〇二mの前方後円墳である小見真観寺古墳、七世紀前半には埼玉古墳群から北に二㎞足らずの行田市藤原町に、直径約八〇mの円墳である八幡山古墳が造られ、埼玉古墳群から首長権の継承があったとする考えがある。八幡山古墳は墳丘盛土をほぼ失い、大規模な石室はむき出しになっていて、関東の石舞台ともいわれている。

明治時代の政治家・郷土史家の根岸武香は、小見真観寺古墳を笠原直使主の墳墓と考えたが、国造制の成立が六世紀末まで下る説を取るなら、あるいはその可能性も再検討すべきなのかも知れない。ただし、この二基と同時期のものでは規模の面で劣ってしまうが、埼玉古墳群でも、一辺四〇mの方墳である戸場口山古墳が造られる七世紀中頃まで、大規模な古墳が造られる。この比較的近接した中で首長権の継承はあった可能性はあるが、この地域が武蔵国内で最も優勢だったことには変わりない。そして、七世紀中葉の評制施行時の国造職が、埼玉評の長官・次官に、秩父国造は秩父評の長官・次官に任命されたと思われる。大宝令制定以後は、彼らが郡司の長官（大領）、次官（少領）になった。中央から派遣されてくる任期付きの国司と違い、郡司は在地の有力者が任命され、任期のない終身官である。国家は郡司がもっていた在地首長としての伝統的な支配権を律令体制に取り込んだのである。

幡羅郡のように国造がおらず、その直接的な勢力下になかった地域の評の成立には、様々なケースがあっただろうが、幡羅郡はすでに開発された地域であることから、まったく新来の勢力が幡羅評の成立にあたり支配者層になったとは考えにくく、在地の有力者の中から評の長官・次官は任命されたと思われる。ただ、幡羅評家が置かれた地は、元は古墳群域で既存の集落がない場所である。評家が成立するには、集落の移転を伴わなければならず、そこには国家権力による強い関与を考えても良いだろう。

四　渡来人の痕跡

日本国内には、朝鮮半島からの渡来人の痕跡が各地に残されている。武蔵国の郡では高麗郡・新羅郡、上野国では多胡郡が、建郡記事もあり特に有名である。また、幡羅郡の南に位置する男衾郡には、承和八年（八四一）に私財をはたいて武蔵国分寺の七重塔再建を申し出た元の男衾郡司の壬生吉志福正がいる。壬生吉志氏は、推古一五年（六〇七）に設定された壬生部を管理するために入部した渡来系氏族と考えられる。男衾郡には幡多郷があり、また百済木の地名も残るなど渡来人由来の地名が多くみられ、単一の渡来系氏族に限らず、渡来人の関わりが濃密だったことがうかがえる。

一方、男衾郡の北に隣接する幡羅郡は、郡名にあてられた漢字などから、渡来系氏族、特に秦氏との関わりが論じられることが多い。秦氏といえば聖徳太子に登用された秦河勝が有名であるが、秦氏がどこから渡来したかということについては中国大陸、新羅、百済などの説があり謎が多い。加藤謙吉氏は、秦氏について「出自・来歴を異にする渡来系集団の集合体として成立した組織」（加藤一九九八）と述べている。こうした考えに従えば、全国各地に分散して生産活動に従事して朝廷に貢納した、緩やかな氏族連合（水谷二〇〇九）とみるのが妥当と思われ、その出自を一つの地域に限定して考えることは誤りの可能性がある。秦氏が渡来した時期は、『古事記』『日本書紀』では応神天皇の時代とするが、実際は五世紀前半〜中頃とみられる（水谷二〇〇九）。比較的早い段階に渡来した人々で、その配下にあった秦人とは「養蚕・機織製品の貢納なども行った渡来系の農民」（加藤一九九八）であり、分布は広範囲に及んだ。幡羅郡と秦氏・秦人との関係を整理することは、幡羅郡そのものについて考える上で欠かすことができない。

郡名の幡羅はあくまでも「ハタラ」ではなく「ハラ」であり、幡羅という文字だけから渡来人、特に秦氏・秦人について検討もなく直ちに言及することは問題がある。しかし、幡羅郡内には、上秦郷、下秦郷という上・下二つの秦郷が存在した訳であり、やはり秦氏・秦人に関係が深い渡来系の人々が多く住んでいた土地だっただろうということは指摘できる。ただし、七〜八世紀頃の遺跡から、渡来系を直接示すような遺構・遺物は今のところ認められないため、なんとなく異質な雰囲気をもつ遺物が稀に含まれていることもあるが、この時代の考古資料だけからは、十分に証明することはできない。このことは、渡来人と関係があったとしても、古代にはすでに土着化が進んでいる人々だったことを示唆しており、秦氏が初期の渡来人であったことを考えれば、土着化によって考古遺物に際立った違いが現れないのも当然といえる。

秦氏に限らず渡来人との関係について考えた場合、『日本書紀』や『続日本紀』などの史料に幡羅郡の成立に関わる記事がないことも併せると、高麗郡や新羅郡、多胡郡といった、国家政策により渡来人が中心になって成立した郡とは、たとえ渡来人が関わっていたとしても、性格が異なっていると思われる。さらに、幡羅郡の地は、七世紀後半段階ではすでに開発が進んだ土地である。律令制国家の建設が始まる七世紀後半になって、新来またはは土着化した他地域に住む渡来人を新たに移住させた可能性もありうるが、幡羅郡の渡来人を考える上では、むしろその痕跡をさらに前の時代に遡らせて検討する必要があろう。

古代の幡羅郡域に含まれないかも知れないが、行田市酒巻にある酒巻古墳群は、関東造盆地運動による沈降運動と利根川の河川堆積物によって深く埋もれている。かつては、沈降した古墳の墳頂部を平坦にして畑地として利用していたため、「飛び島地」や「島畑」と呼ばれていたが、現在は圃場整備によりかつての景色は失われてしまった。六世紀代を中心とした古墳群で、墳長約四六mや約三四mの前方後円墳を含む。中でも、六世紀末に築造されたと推定される墳長四二mの円墳である酒巻一四号墳が注目される。出土した埴輪

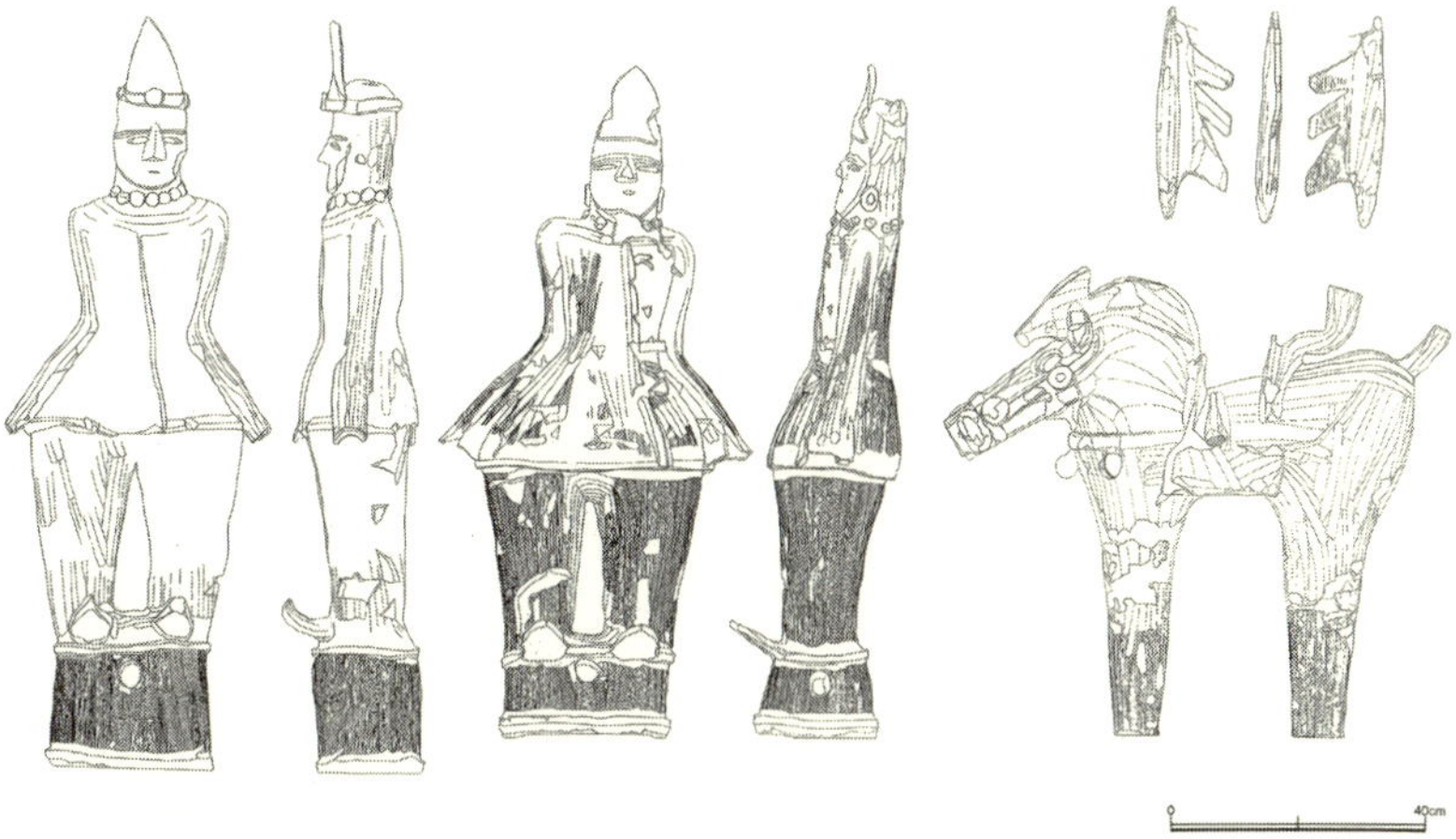

図 6. 酒巻古墳群第１４号墳出土埴輪（行田市教育委員会 1988 から引用）

の中には、壺鐙を付けた飾馬で、鞍の後輪の後ろにパイプ状の筒が突き出て、そこに小旗を付けた竿を差し込む構造のものがある。これは、渡来系の「蛇行状鉄器」を表現したものとみられる。また、手先の隠れる長袖の衣装を身にまとった男子立像が二体ある。埴輪では千葉県市原市山倉一号古墳に唯一類例がある稀有な資料である。また、二体の埴輪は男子埴輪特有の美豆良がなく、つま先が反り返った沓を履くなどの点が特徴的で、高句麗の古墳壁画に類例が求められる。六世紀後半に高句麗文化などの渡来系文物がこの地に伝わったとする考えがあるが、これらの埴輪から渡来系文化が六世紀後半に伝来したことを断言することはできず、東日本における五世紀後半の転換期に招来され、定着していった可能性を想定することもできる（金井塚一九九三）。

次に挙げたいのは、深谷市堀米、妻沼低地の自然堤防上にあり、上武道路建設時に発掘調査が行われた城北遺跡である。この時の調査で、五世紀後半~六世紀前半の大規模な集落が確認された。妻沼低地にある他の遺跡の基盤層は粘土質であるが、城北遺跡は砂層である。カマドの袖は基盤層の砂層を削り出したりしたのではすぐに崩れてしまうため、他で採取した粘土により、補強材を使って構築している。この遺跡で用いられた補強方法は、他の遺跡でも良くみられる土師器甕を倒立させて芯にした例は多いが、その他に径一㎝程の竹を支柱にした珍しいものがみられ、時に竹の支柱を横にも繋ぐものまである。こうした土地なので、ほとんど未開発の地だったらしく、それ以前の遺構は認められない。開発が難しい場所だったのだろう。

遺跡からは、ウマ六頭、ウシ一頭の骨が出土した。この時期の馬生産には渡来人が関わっていたとみられ、馬骨が六頭分出土したことは、そのことだけでも渡来人の存在を示している。また、牛も稀少な存在であるから、この飼育にも関わっていたと思われる。そもそも、渡来人は馬生産や農業、機織りなどの先進技術をもっており、未開拓地に移住させられることも多かった。砂地で開発が難しかっただろうこの地に、国家権力により移されたことが想定されるが、城北集落の構成がすべて渡来人だったかはわからない。在来の倭人も混在して新たな集落に編成されたとすれば、それなりの軋轢があったことも想像される。

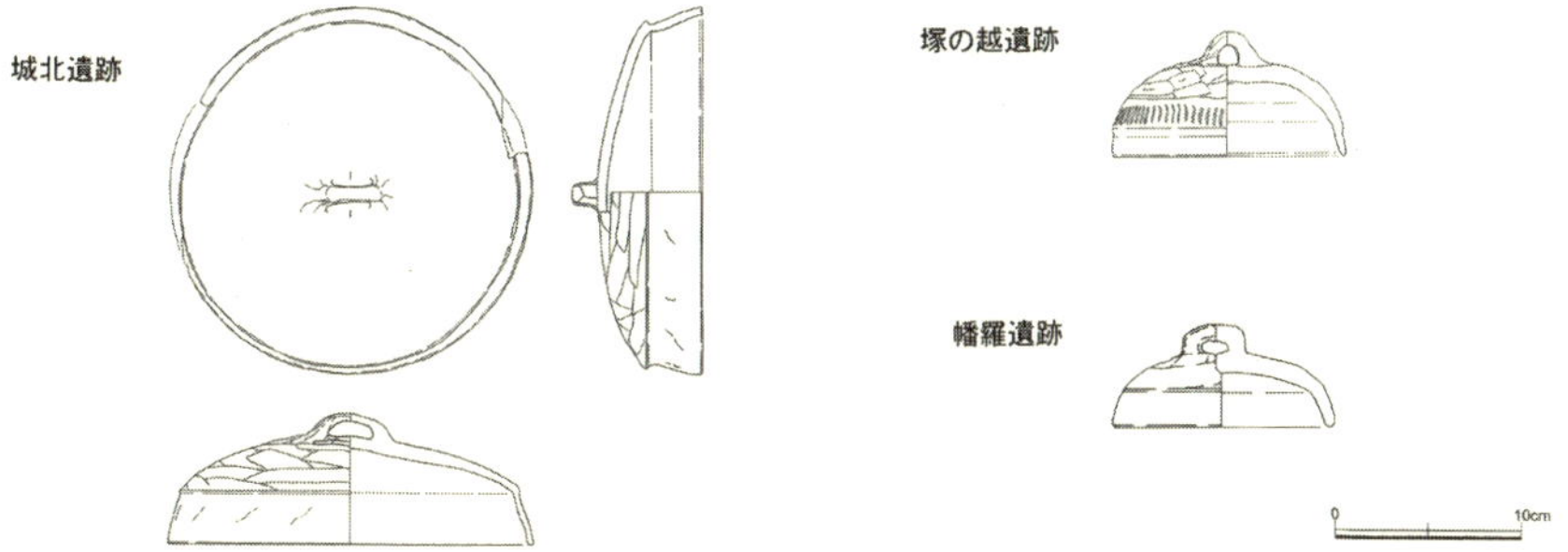

図 7. 輪状つまみ付蓋（各報告書から引用）

出土遺物の中にはそのほか、シカやイノシシ、タイなどの魚骨、焼土化した土師器の器面調整をした際の削片、滑石製模造品の製作に関連する未成品、失敗品、剥片、砥石、台石などがある。当時の流通状況や集落の活発な生産活動がうかがえる。また、連結した土師器坏や土師器の輪状つまみ付蓋、舟形木製品といった特殊遺物もある。輪状つまみ付蓋は、韓国の玉田M三号墳出土のものに類似しており、朝鮮半島に原形が求められる可能性がある。なお、坂戸市塚の越遺跡の六世紀末頃の竪穴建物跡や、時代が下るが、幡羅遺跡の七世紀末頃の廃棄土坑からも同様の遺物が出土しており、この形が後世まで受け継がれたことも考えられる。

城北遺跡の北部、居住域の外れからは、ヤマグワの立ち株が二カ所で確認された。わずかな痕跡ではあるが、前述した渡来人との関係も併せて考えると、絹生産が行われたことも浮かび上がってくる。『日本書紀』雄略一六年（四七二）には、「桑の栽培に適した国・県を選んで桑を植えさせ、秦の民を移住させて、そこから庸調を献じさせた」とあり、絹生産奨励の記事とみられる。秦の民とは、秦人のことと考えて大過あるまい。雄略天皇（ワカタケル大王）といえば、埼玉古墳群の稲荷山古墳から出土した金錯銘鉄剣に登場する人物名である。鉄剣には、銘の主人公であるヲワケ臣の八代にわたる系譜や、ワカタケル大王治世の時に、大王が天下を治めるのを補佐したことなどが記されている。この銘文の解釈によっては、被葬者をヲワケ臣と考えない説もあるが、ここでは、古墳の主であるヲワケ臣が天皇（大王）家に仕えた由来を記したものと考えたい。そこに記された辛亥年は四七一年とされ、秦の民の移住記事の一年前にあたる。秦氏・秦人は養蚕・機織との関係が深く、「ハタ」という氏名の由来も、その職掌にあると考えられる（加藤一九九八）。そのため、秦の民は地方の殖産興業のために各地に移配された。『日本書紀』雄略朝期の記事にある秦の民がどこの「国・県」に移住させられたかは史料からわからないが、雄略天皇の側近であったヲワケ臣の影響が及んだであろうこの地も含まれていた可能性は考えられる。渡来系を示す遺物や立地条件などの状況により、渡来人が強く関係する集落であることは間違いなく、加えてヤマグワのわずかな立ち株が出土したことから、この記事と結び付けて考えたくなる。

時代は下って幡羅遺跡が成立する七世紀後半、幡羅遺跡から南東約二㎞の籠原駅北口周辺に籠原裏古墳群が築造される。径一〇m前後の小規模な古墳が一〇基確認されており、

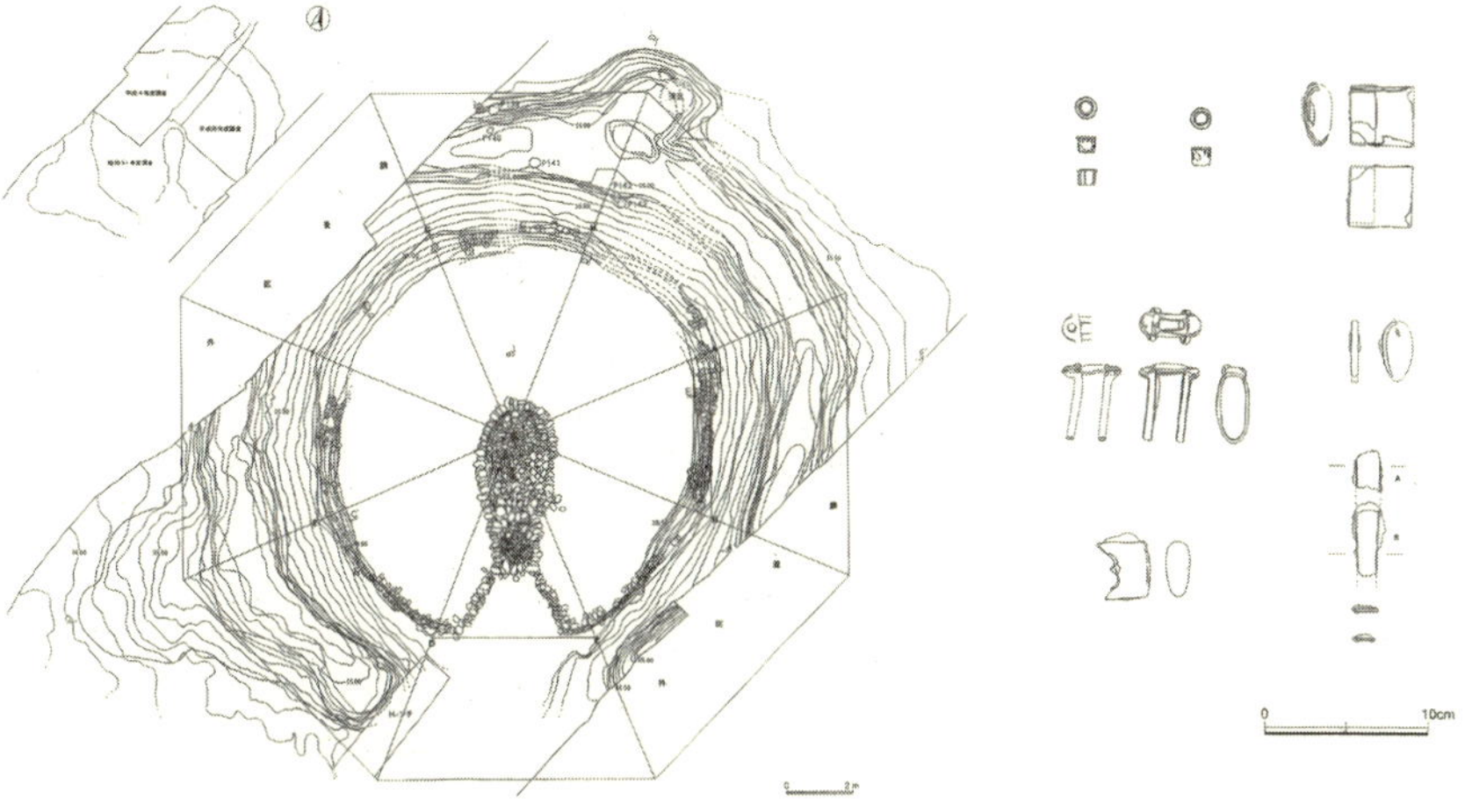

図 8. 籠原裏古墳群第 1 号墳と出土遺物（熊谷市教育委員会 2005 から引用）

ほとんどは円墳だが、そのうちの一つに八角形墳の可能性が考えられるものがあり、刀装具などが出土している。刀装具の出土や幡羅遺跡との位置関係、及び幡羅遺跡の成立期とほぼ重なる時期であることから、被葬者は初期の官人やその一族だったと推定される。八角形墳は畿内の大王墓に採用された墳形とみなされているが、群馬県吉岡町の三津屋古墳など、これと系統を異にする小規模な八角形墳が地方で確認されている。吉岡町がある群馬県西部地域は、渡来人が濃密な地域で、地方の八角形墳と渡来人との関係が指摘されており、籠原裏古墳群も、こうした視点から注目される（熊谷市教育委員会二〇一五）。

以上のように、地名や郷名のみならず、遺跡からも渡来人の痕跡をみることができる。ただし、籠原裏古墳群を除くと、その痕跡は幡羅遺跡が成立するより一〜二世紀前のもので、その時代に移住した渡来人の子孫が、七世紀頃には数多くいたと推定される。籠原裏古墳群の中に八角形墳の可能性のものがあることを除くと、古代においては、渡来人と結び付けられるようなものはほとんどない。籠原裏古墳群と関係の深い幡羅遺跡からも、渡来系に由来する可能性があるものは、先述した土師器の輪状つまみ付蓋があるが、その時期に新来の渡来人が来たことを積極的に示すような遺物は認められない。このことから、渡来人だとしても数世代を経た人々であり、幡羅遺跡が成立する段階では在来の倭人と区別できる要素はほとんどなかったのかも知れない。従来から指摘されているように、初期の渡来系集団であった秦氏との関係が深いとするなら、これはむしろ当然のことと思われる。また、酒巻古墳群出土埴輪にみられるように、高句麗系やその他の系統の渡来人がいたことも否定できない。そして、幡羅郡と渡来人の関係を考えるなら、秦氏・秦人そのものについてもさらに検討していくことは欠かせない。

籠原裏古墳群の被葬者が渡来系の人々だったとするなら、今のところ幡羅郡の中心的氏族に渡来人、特に中央から移配されたと思われる秦人を管掌した秦氏など渡来系の氏族、または農民層である秦人出身者の中で身分的に上昇したグループが含まれていた可能性があることは指摘できる。古墳のあり方などから、幡羅郡（評）内のいくつかの勢力が競合関係にあったことを推測したが、評の官人職を巡って中央政府との従属関係の強さをアピールすることがあったとしたら、中央から移配された秦人であること、または彼らを管掌したということを取り上げて主張したとしてもおかしくはないと思われる。想像を逞しくするなら、五世紀後半に城北遺跡に移住した秦の民の末裔が、約二世紀を経て、自分たちの居住地域を秦郷と称し、そして自分たちの出自の由来を郡名にあてる漢字でもって表現したとみることもできよう。ただ、秦郷に比定される地域は城北遺跡とは重ならない。古墳時代に城北遺跡を営んだ渡来系の人々が、秦郷地域に移住または拡大したか、あるいは秦郷地域にも別の渡来系集落が古墳時代にすでに営まれていたか、色々と想像が膨らむところである。

壺鐙（つぼあぶみ）

先端が壺状になった鐙で、壺状の部分に足先を入れる。

蛇行状鉄器（だこうじょうてっき）

蛇のように曲がりくねった鉄の棒の先に筒が付いた道具。酒巻古墳群第14号墳出土埴輪から、筒の部分に旗を付けるものと考えられる。

美豆良（みずら）

男子の髪型の一つ。髪を頭の中央で左右に分け、両耳のあたりで束ねて輪状に結ぶ。

滑石（かっせき）

白色や灰色をした滑らかで柔らかい石。加工しやすく、古墳時代には鏡や勾玉などの模造品を作って祭祀に用いた。

輪状つまみ付蓋（りんじょうつまみつきふた）

頂部にリング状の把手をもつ蓋。

五　評家の成立

「郡」という表記がされるのは、七〇一年の大宝令制定後とされる。それ以前の七世紀後半には「評」と表記された。評家はその役所という意味である。幡羅遺跡の成立は七世紀後半であるから、当初は郡家ではなく幡羅評家だったというべきだろう。そもそも、この段階では「幡羅」ではなく「原」などの表記が用いられていたと思われるが、ここでは評の段階についても「幡羅」と呼ぶことにする。

後の章でも述べるが、幡羅郡家にある正倉や館などの官衙施設が整備されるのは、七世紀末頃である。全国各地で発見されている郡家遺跡のほとんどが整備されるのも、その頃のことである。年号が書かれている史料を扱うのと異なり、遺跡を扱う考古学は、出土した土器の年代や遺構の状況などから分析するため、厳密にそれが何年のものと特定することは、年代が記された木簡などが出土しない限り難しい。しかし、大化の改新後に評が置かれ、その後すぐに正倉など評家の官衙施設が整備された訳ではないことは確かである。大化の改新が行われたとしても、それまでの社会の仕組みを一新できる強権を中央政府がもっていたか、ということを想像すれば、あるいは現代に置き替えて考えてみれば、そうした改革を行うことには相当な困難を伴ったことは容易に思い至るだろう。実際は、社会の仕組みを整理して、律令制国家として確立するためにはかなりの時間を要した。大宝律令の制定を到達点とするなら、改革には約半世紀を要したといえる。その間、天智朝や天武朝の戸籍作成など、改革は段階的に行われていったとみられる。

七世紀後半における段階的な改革の進展は、評家の構造にも表れている。遺跡で確認される七世紀後半の評家は、私的な居宅、あるいは集落から完全に分離した形では捉えることができないものがある。評家が役所として整備・確立していくのは、土器の変化や都などの官衙施設との対比などから、七世紀後半の中でも、大化の改新後間もなく行われたとされる立評からやや時間を経て、七世紀末頃というべき七世紀第4四半期のどこかの時期だと考えられる。改革が急速に進展する天武・持統朝の頃にあたり、国家が形成されていくのと歩調を合わせ、地方では評家が段階的に整備されていったことが、遺跡からも歴史的経過からも説明できる。

評家の官衙施設が整備されるに至る経過は、遺跡によって異なる。遺跡出現が七世紀末頃の官衙整備段階で、それ以前の中心地が別の遺跡に求められるものもある。この場合は、官衙整備段階に地域の中心地が移転したということ、もしくは七世紀末頃に新たに評が設置されたとみることができる。幡羅遺跡では、七世紀末頃に官衙が整備される段階の前、七世紀後半に遺跡が成立する。そして、成立期の姿は七世紀末頃以降とは大きく異なるものである。そのため、幡羅郡家の発見と調査経過、調査成果より先に、まずは幡羅遺跡の成立期の姿について述べていきたい。

幡羅遺跡の成立時期は、出土する土器から考えると、大化の改新後間もなくというよりは、それからしばらく経過した七世紀第３四半期の後半頃と推定される。この時期に新たに幡羅評が設置された可能性、または評はすでに設置されていたが、当初の中心地は別にあった可能性がある。幡羅遺跡は、成立段階からすでに遺構はかなりの数にのぼる。多数の竪穴建物による集落の中に、官衙や居宅的な建物が島状に認められることから、集落を伴った評家であり、官衙と私的要素などが未分化な状態であった。

また、幡羅遺跡が造営された地は伝統的に墓域であり、集落の空白地であった。評家の成立に伴って、集落の再編も行われたのである。これには住民の大規模な移住が必要であり、国家権力が介入したことを示唆している。集落の空白地だったとはいえども、古墳群が築かれ近辺の低地部には集落が存在する。他郡域の人々が移住してくる余地はあまりないと思われるが、その可能性も含め、評家が置かれる幡羅郷域内の集落から移住したのか、それとも評内の複数地域から移住して編成されたのか、そしてなぜ計画的な移住が行われたのか、評の実態と成立の経緯を考える上で大きな問題である。評のもとで、民衆は五十戸という単位に編成された。戸というのは、戸主を中心に編成された家族の集まりである。五十戸はその集合体で、後の里や郷にあたる。東国において、この時期の遺跡からみつかる居住施設は、竪穴建物（住居）跡で、それが群をなして確認される。個々の竪穴建物が「家」または「世帯」、それがいくつかまとまった一群が一つの共同体（血縁集団）として「戸」と捉えられよう。

成立期の幡羅遺跡では、官衙などの掘立柱建物を含むブロックが複数存在し、二×二間程度の小規模な高床倉庫も点在する。遺跡の南東部には、東西六〇m以上、南北四〇m以上を掘立柱塀で囲む大規模な施設が造られる。この施設は四時期の変遷が認められ、七世紀後半はその一・二段階である。塀の北と西に沿って掘立柱建物が建てられ、西に建つ一棟は規模が大きく、中心的建物とみられる。この建物に隣接する土坑からは、この遺跡では唯一の畿内産土師器の破片が出土している。区画内の建物はすべて塀に沿って建てられ、敷地の大部分は広場である。この広場は、儀礼などを行うための空間であり、区画内の掘立柱建物では、政務なども行われたであろう。

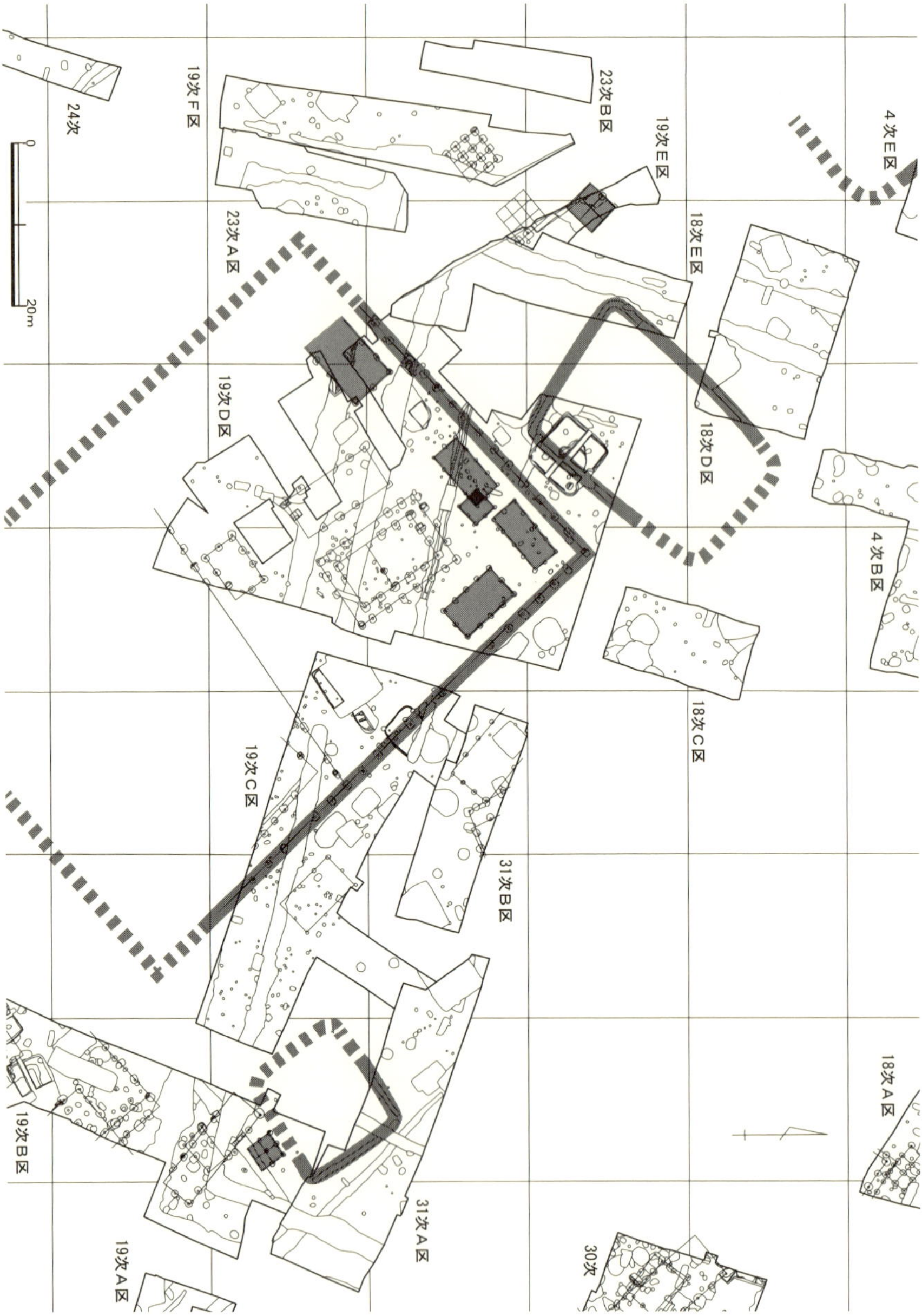

図 9. 幡羅遺跡成立期の中枢施設

写真13. カマド神を表現した土製支脚
（深谷市教育委員会提供）

区画外の西には高床倉庫、北西にはカマド屋とみられる大型竪穴建物があり、眉、目、鼻が線刻されカマド神を表現した土製支脚が出土した。実はこの土製支脚は、取り上げ時には単なる土塊としてしか認識していなかった。調査終了後、しばらくして遺物を洗浄している段階で、作業員達が皆で騒いでおり、遺物に顔が描いてある、というのである。人面墨書土器の類ではなさそうなので、最初は冗談かと思っていたのがこの遺物である。調査時にわかっていれば、保存目的とはいいながらももう少し掘り広げて、欠けている下半部を探したかも知れないが、すでに埋め戻していたので正直残念なことである。同様の遺物は、千葉県酒々井町の飯積原山遺跡で出土した九世紀のものがあるが、幡羅遺跡の例はそれよりかなり古い七世紀後半〜末頃のもので、遺物としては最古のカマド神ということもできる。カマドはこの世と冥界の境にあるという考えがあり、そこにこの神が祀られる。カマド神は家の神として家人を守り、その運命を司るといった性格がある（飯島二〇〇七）。実は祟ることもある恐ろしい一面も併せもつのだが、何とも慈愛に満ちた表情をしている。当時の精神世界の一端をうかがい知ることができる遺物である。

そして、塀の北東には、郡段階まで継続する廃棄土坑がある。廃棄土坑とは、簡単にいうとゴミ穴のことだが、この土坑内からは、多量の土器とともに動物遺存体が出土しており、塀により区画された施設内で饗宴が行われたことやその内容を示している点で特に重要である。動物遺存体については後述するが、こうした構造や機能、そして出土遺物から、掘立柱塀で区画された大規模な施設は、七世紀後半段階の評家の中枢施設と捉えることができる。また、中枢施設の周囲には、溝による小区画が三ヶ所あり、小規模な倉庫を伴っている。区画内から遺構が確認されておらず性格は不明だが、区画内に遺構として残らない簡易的な建物が建てられた可能性がある。今のところ根拠とする材料は乏しいが、兵士の駐屯所とそれに伴う武器庫といったことも想定されようか。

幡羅遺跡の北東にある湯殿神社の北側は崖線となっており、崖線下では昭和の中頃まで湧水があった。古代には、その湧水点付近で祭祀を行っていた。祭祀が始まるとされるのは七世紀後半の幡羅遺跡が出現するのと同時期で、当初は石製模造品による祭祀であった。石製模造品とは、滑石という加工のし易い軟質の石を、武器・農工具・装身具・鏡などの形に加工したもので、古墳時代に多くみられる祭祀の道具である。古代の祭祀ではあまりみられないが、国家的な祭祀が行われた福岡県沖ノ島では用いられている。この遺跡と同等に語ることはできないが、西別府祭祀遺跡では古墳時代的な祭祀が、七世紀後半になってから始まり、人形、馬形、櫛形、剣形、有線円盤形、勾玉形といった形の石製模造品が同時期の土器とともに出土している。

この祭祀形態は、七世紀末頃に官衙が整備されるのと機を一にして、土器を用いた祭祀に転換するとされる。祭祀形態の面からも、七世紀末頃に画期が認められ、それ以前は古墳時代の在地首長的な祭祀が継続していたこと、評の官人もそうした性格を払拭していなかったことが考えられる。

近年では、飛鳥京跡などから出土した評制下の木簡の研究により、初期の評というものは、後の郡レベルのものもあれば、郡に移行しない駅レベルや郷レベルのものもあり、大小様々な評が存在したとする見方もある（市二〇〇九）。七世紀後半は、律令制国家建設の過渡期であったため、社会は何度も再編成が行われたと思われる。そのように試行錯誤のある混沌とした状況を示すように、この時期の遺跡はなかなか一筋縄では捉えきれない。幡羅遺跡や西別府祭祀遺跡は、その時代を読み解くためのヒントを与えてくれる。

六　古代幡羅郡家

a　幡羅郡家の発見

深谷市東方の外れ、熊谷市西別府との境付近では、現在では数そのものは少なくなったものの、養豚が盛んに行われていたと思われ、今でもその名残がある。昭和三〇年代の熊谷と寄居を主な舞台とする、水上勉氏の小説『銀の川』で、熊谷市上中条付近が養豚の盛んな場所として描かれているが、昭和の時代にはこの地もそれに似た風景があったかも知れない。

平成一三年一月、台地の先端部に近い東方字森吉で、養豚関係施設の建設が行われることになり、それに先立って試掘・確認調査が行われた。以前にも周囲で発掘調査が行われた際には、六世紀前半頃の古墳群が確認され、多くの埴輪が出土している。近くに残る墳丘二基のうち一基は森吉古墳と呼ばれ、全長約三六ｍの帆立貝式古墳である。また、昭和初期の耕地整理に伴い崖を切り崩して沼沢地を埋め立てた際にも、多くの埴輪が出土したという話もある。そのため、今回もまた古墳跡が確認されることが予想された。試掘・確認調査は普通、バックホーという重機のバケットによる幅二m弱のトレンチ調査である。その調査で、予想していた古墳跡の周溝が確認されたが、その合間を縫って一辺一mを越える大型の四角い掘り込みの跡が三基見つかった。普通の遺跡でそうした遺構があった場合は、たいがい墓穴など土坑の可能性がまず考えられるが、この場合は、そこを埋めている土が礫やロームをブロック状に含んで硬く締まっており、特殊なものと思われた。そして、以前に当時はまだ合併前だった岡部町の中宿遺跡の調査を見学した時に見た様子が頭に浮かんだ。

中宿遺跡は、平成三年に埼玉県内で初めて発見された古代郡家（郡役所）正倉跡である。筆者が見学したのは、平成九～一〇年に行われた公園整備に伴う調査時で、その時に見ていたことで、早い段階から重要な遺跡という認識で臨むことができた。古代幡羅郡の正倉が有力視されたことから、幡羅（ハラ）遺跡と名付けられ、盛土保存することを前提に、今度はバケット幅ではなく工事予定部分全体について、詳細な確認調査を行うことになった。そして、大型建物跡は総柱式の高床倉庫であることが確認された。総柱式は、柱を碁盤の目に配して床を支える束柱をもつものである。

また同年、隣地にも養豚関係施設を造る計画が進行しており、最初の調査同様、工事範囲全体について、詳細な確認調査を行ったところ、もう一棟の大型高床倉庫跡が、一棟目との間にちょうど一棟分のスペースを空けて規則正しく建ち並んでいることが判明した。古代官衙研究を牽引する奈良文化財研究所の山中敏史先生らにも来てもらい、一辺約一mの遺構の一つ一つについて、掘方の形状、覆土の質や硬さ、柱痕跡の有無などを、時間をかけて一緒に観察して頂いた。一つの遺構や遺物をじっくりと観察し議論することは、考古学の基本であり、面白さの一つといえる。調査を担当していた私たちの説明に簡単に納得することなく、自ら移植ゴテをつかみ、土を少しずつかき取って観察する山中先生の姿は、考古学の本質に改めて気づかされた場面だった。そうした検証作業を経て、幡羅遺跡は埼玉県内二例目となる古代郡家正倉跡であることが確定した。そして、改めて周りの状況を調べてみると、市境を挟んだ隣接地の熊谷市西別府には、すでに確認されていた、古代寺院跡の西別府廃寺や古代祭祀遺跡の西別府祭祀遺跡が存在しており、これらの遺跡も大きく再評価されることになる。

幡羅遺跡の発見は、偶然にも中宿遺跡の発見からちょうど一〇年後に当たる。中宿遺跡を調査した鳥羽政之氏や埼玉県内外の古代官衙研究者にも相談しながら調査し、幡羅遺跡の学術的な確認調査は一〇年に及んだ。遺跡発見時やその後の調査で成果が挙がるたびに、新聞紙上も賑わせた。ただし、確認調査は保存を目的として行うため、遺構のすべてを掘りきることはしないのが原則である。そのため、調査した部分も含め、遺構はずっと地下に眠っている。遺跡の実態をもっと明らかにするために、更なる調査は必要であり、調査をすれば成果が挙がることは期待できるが、今掘り起こすのはできる限り最小限にとどめ、後世へと残したい遺跡と考えた。後述する調査成果は、いわば禁欲的な調査を行った成果である。

b　史料からみた郡家

郡家は、研究者によっては学術用語である郡衙と呼ばれることもある。使われ方によってニュアンスが若干異なる場合もあるが、どちらも古代の郡役所を意味する。郡家の主な施設には、正倉・郡庁(政庁)・館・厨家があったことが、『上野国交替実録帳』から明らかにされている。この史料は、欠失や破損した官舎が列記され、上野国の国司交替の際の引き継ぎ書の草案として、一一三〇年(長元三)頃に作成された。『延喜式』の巻物の裏紙に偶然残された「紙背文書」で、郡家の構造を伝える貴重な史料である。

正倉は税として納められた主に米を収納していた倉庫群、郡庁は郡家の本庁舎ともいえる施設である。交替実録帳は施設をこの順序に記し、本庁舎である郡庁よりも正倉を前に出している。『和名類聚抄』でもみられたように、この記載順には意味があると思われる。国家にとっては、税である米を収納し、民衆支配の象徴的な存在である正倉が、郡の施設の中で最も重要だったのである。

なお、郡の役人である郡司には大領（長官）、少領（次官）、主政（第三等官）、主帳（書記官）の四等官があり、郡の規模に応じて定員が定められ、在地有力者の中から任命された。また、その他に書生・案主・鎰取・税長・徴税丁・調長・服長・庸長・庸米長・駆使・厨長・器作・造紙丁・採松丁・炭焼丁・採藁丁・蓴丁・駅伝使鋪設丁・伝馬長など、数多くの郡雑人が勤務していた（佐藤二〇〇七）。

各地の郡家のほとんどは、正倉・郡庁・館・厨家といった官衙施設が、七世紀末頃に整備されたことが考古学的に証明されており、幡羅郡家も同様である。この章では、これらの施設が揃っていたと推定される七世紀末頃から九世紀前半までを、確認された施設ごとに述べていく。なお、「郡」の表記は大宝令制定以降であり、それ以前は「評」と表記されたことが、藤原京出土の木簡からわかっている。従って、官衙施設が整備される七世紀末頃は、厳密には「評」段階であるが、煩雑になるため、この章では「郡」と呼ぶことにする。

c　幡羅郡家の景観

幡羅遺跡の中央には、メインストリートというべき斜行する大きな道路が走り、その北に正倉院、南に正倉以外の官衙施設が集中して整備された。ただし、メインストリートを中心に整然と施設が配置される平城京や国府の様なイメージとはまったく異なり、碁盤の目状の区画などは存在しない。各地の郡家では新しい段階になると真北方向を向く傾向があるが、そうした変化もみられない。特に主軸方位にも統一性がないことが、幡羅郡家の特徴の一つであり、その理由は明らかではない。斜行する道路を含め、郡家の施設は七世紀末頃に集中して整備される。いわば建設ラッシュであり、そのため、グランドデザインが整わないうちに斜行する道路の整備を先行したがために主軸方位に統一性をもたせることができなかった、という考えはどうであろうか。郡家の形は、在地の事情を少なからず反映するだろうから、興味深い点である。郡家には多くの人々が勤務し、また人や物が集まる政治経済の中心地であったことが周囲に広がる集落の規模からもわかる。郡家の中心地にある「辻」という小字は、地元では「オニガ辻」とも呼ばれており、かつては荷物が行き交う物流拠点だったことを地名からも知ることができる。

また、郡家の東には瓦葺きの荘厳な西別府廃寺があり、郡司氏族の氏寺としての機能、更に公的機能も担っていたと考えられる。この寺院は、郡家諸施設の主軸方位とは異なり、南北方向をとる。仏教的な原理によるものであろうか。そして、寺院と郡家に接して西別府祭祀遺跡があり、寺院とともに宗教的なエリアを形成した。当時の社会には神仏信仰も必要不可欠なもので、郡家とともに民衆統治機能の一翼を担っていた。

さらに、郡家には神社もあった。宝亀三年（七七二）太政官符では、武蔵国入間郡の正倉火災とそれに対する処置が記されているが、「郡家の西北角に在る神」が祟りをなしたとある。幡羅郡家の中にも、郡家の西北角や祭祀遺跡の近くに神社があったかも知れない。

現在の幡羅遺跡の地に立つと建物がほとんどなく、地下に完全に近い形で保存される遺跡を想うと、古代への想像を膨らますことができる。一見平坦な畑が一面に広がっているが、よく見ると、小さな起伏があることがわかる。その中でも少し小高い場所から、正倉院は確認された。正倉は、当時の税である主に米が収納された倉である。税の中でも布や地域の特産品は都へ運ばれるが、米の多くはその郡の正倉に納められた。それらが多数建ち並んだ敷地全

写真 14. 斜行道路を踏襲する道

体は正倉院と呼ばれ、溝などで区画されていた。税を納めた場所であり、民衆支配の象徴的施設であったため、律令制国家にとって特に重要視されており、正倉の規定を定めた倉庫令には、「凡倉。皆於㆓高燥処㆒置㆑之。側開㆓池渠㆒。去㆑倉五十丈内。不㆑得㆑置㆓官舎㆒。」と規定されている。池渠は防火のために水を溜めたものと推定されるが、この遺跡の区画溝に水が満たされていたとは思えず、そうした設備は今のところ見つかっていない。また、他の官舎は五十丈（約一五〇ｍ）以内にもあることから、全てが順守されていた訳ではない。しかし、高燥処置ということは守られている。

　正倉のイメージは、幡羅郡の西隣、榛沢郡の郡家正倉跡である中宿遺跡を訪れて頂ければ理解し易い。中宿遺跡は、発掘調査の後に史跡公園となり、古代の運河が確認された一段低くなった場所には、夏を迎えると古代蓮が咲き誇る。確認された正倉跡は延べ二三棟で、そのうちの二棟が実際に確認された位置に復元されている。正倉は、壁構造の違いから、板倉、校倉、丸木倉、土倉などがあった。中宿遺跡に実際どのような壁の倉があったかは史料が無いが、規模や柱の配置からおおよそ推定できるものもある。中宿遺跡の正倉復元では、断面六角形のあぜ木を組んだ校倉と、柱間に厚板を落とし込んで壁を造った板倉が採用された。復元に際しては、古代の技術を検証しながら行っていることから、その迫力が伝わってくる。当時の民衆は、そうした大規模建物が立ち並ぶ様を見て、国家というものを実感したことだろう。幡羅郡家でも榛沢郡家でも、正倉院の位置は共通しており、台地の最も先端にある。水田で働く農民から見ると最も目立つ位置にあり、明らかに視覚的な効果を狙っていたことが推定できる。

写真 15. 低地へ下りる切り通し

崖線の下には、比高差三～四mで低地が広がっている。湯殿神社のふもと、つまり古代人が水辺の祭祀を行っていた西別府祭祀遺跡の地からは、昭和の初めまではこんこんと水が湧き、低地部分は沼や小河川が入りまじる場所で、小舟も浮かぶ景色だったようだ。古代の景観と大きく変わらず、郡家の眼下には、安定した水を供給する湧水による豊かな水田が広がり、その実りを舟で運ぶ水路があったと思われる。舟から荷揚げした港となった地点は明らかではないが、西別府祭祀遺跡及び湯殿神社の西側には、台地から低地へ下りる切り通しの道がある。そして、幡羅遺跡のメインストリートは、その方

写真16. 現在の幡羅遺跡

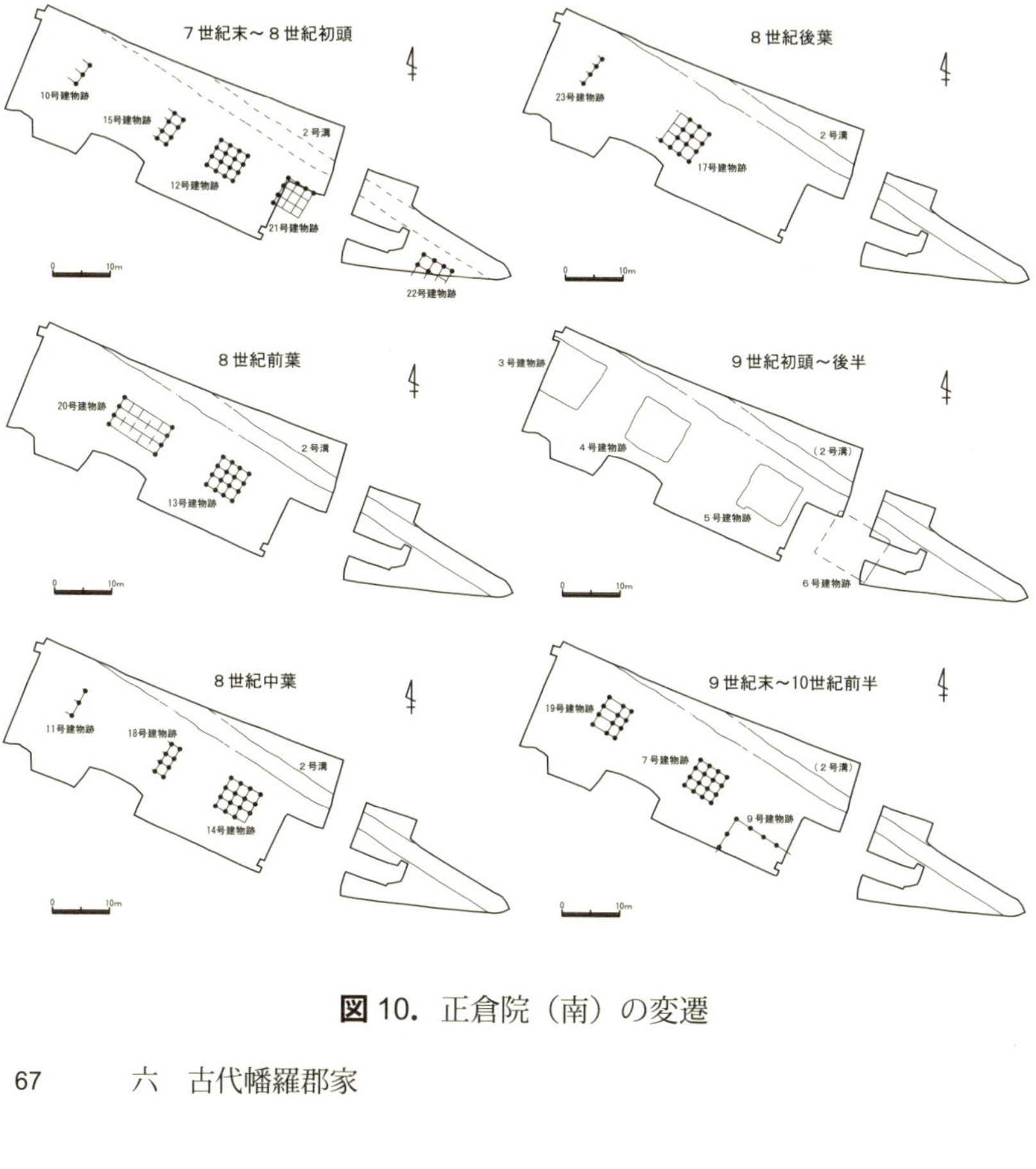

図10. 正倉院（南）の変遷

向へ向かって延びている。いずれ、川の港が発見されることも期待される。この低地末端では、つい近年までは古代をしのぶ景色が残っていたのである。

それが、耕地整理により、崖が崩されて沼沢地が埋められ水田が整理された。また、湧水の水を遮るように、台地上に工業団地が造られてからは、湧水も無くなってしまった。千年近く変わらなかった景観が、生産と暮らしの向上と引き換えに、ほんのわずかの間に大きく変わってしまったのである。しかし、郡家があった台地上は、郡家が無くなった後はほとんど土地の改変を受けていない。奇跡的に開発を免れたおかげで、郡家の全体像がわかりうる数少ない遺跡として、幡羅遺跡は私たちの前に姿を現したのである。

d　幡羅郡家の調査　～正倉～

税として納められた米のほとんどは、各郡の正倉に納められた。郡家の正倉には多数の高床倉庫が建ち並び、その敷地は溝等により区画された。こうした敷地全体を正倉院と呼ぶ。正倉遺構の数は、一郷当たり三棟前後の割合を示す傾向があり（山中一九九四）、幡羅郡の場合は七郷一余戸なので、二〇棟以上あった可能性が考えられる。幡羅郡家の正倉院は二か所あり、北と南に並び、遺跡の北西部を占める。

正倉院（北）は、六世紀前半を中心とする古墳郡域と重なっており、区画の北東隅に墳

写真 17. 何度も建て替えられた正倉跡（深谷市教育委員会提供）

丘を残す一方、一部の古墳を破壊して造営されている。郡司の長官クラスを輩出した郡領氏族とこの古墳群を築いた氏族には関係が薄いことも考えられる。院の区画は、南北約一三五m、東西約八〇mを図る。北東隅からは、幡羅遺跡発見の契機となった二棟の総柱倉庫跡が規則的に並び、東辺区画溝がそれに平行している。二棟ともはじめは掘立柱建物で、同じ位置で礎石建物に建て替えられる。掘立柱建物は、縄文時代にはすでに用いられた在来的な工法で、礎石建物は寺院建築とともに導入された重量物に耐える堅牢な地業（地盤改良）を伴い、耐久性にも優れた工法である。礎石建物のうち一棟の地業には礫を多量に用い、もう一棟は用いていないのが特徴である。

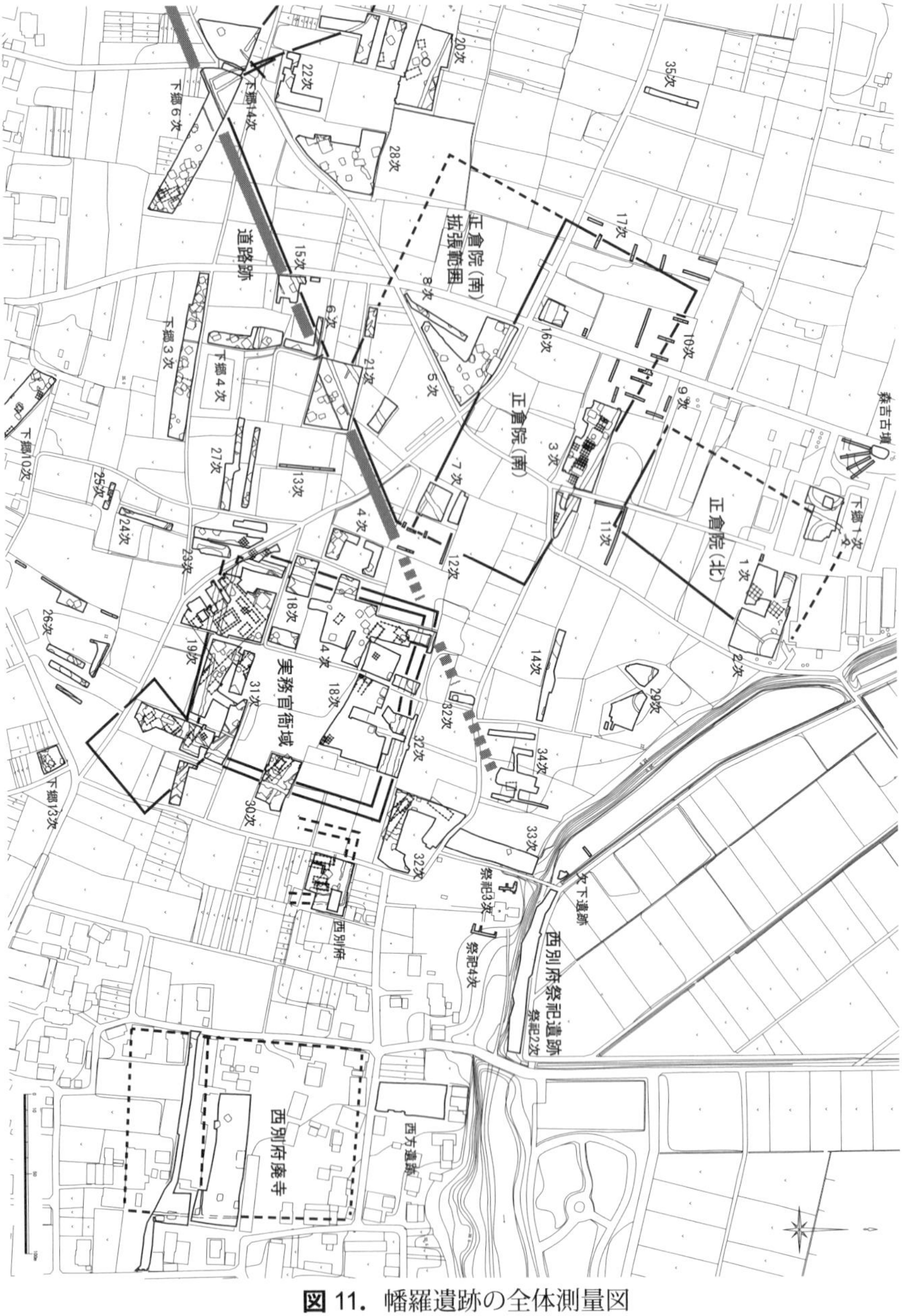

図 11. 幡羅遺跡の全体測量図

次に正倉院（南）は、南北約九〇m、東西約二二〇mの規模をもつ。第三次調査区では、北辺の区画溝と、六時期にもわたって重なり合った正倉群が確認された。それらを各時期に整理すると、最初の時期となる七世紀末～八世紀初頭は、三〇㎡未満と正倉の中では比較的小規模な総柱式掘立柱建物である。集落や豪族の居宅とされる遺跡から確認される倉庫群が二〇㎡未満のものがほとんどであることを考えると、やはり規模が大きく、それが多数建ち並んでいる姿は壮観だったに違いない。この正倉列は、北辺区画溝と平行していないことから、最初の段階はこの区画溝を伴っていなかった可能性もある。二時期目以降、正倉建物の規模は徐々に拡大していき、九世紀初頭には礎石建物に建て替えられる。礎石建物の規模は、ほとんどが五〇㎡以上と各期中で最大になる。正倉院（南）では、建物の範囲全体を掘り込んで地盤改良をする掘込地業という工事が行われるのに対し、正倉院（北）では、礎石が据えられる場所だけを掘り込んで地盤改良をする壺地業が行われる。この壺地業が、幡羅遺跡が発見された最初の調査で確認された一辺約一mの掘り込みであるが、正倉院の南と北では、採られた地業の技術が異なっていることが指摘できる。礎石建物化の時期はほとんど同じと思われるが、技術の違いがなぜ生じたのか検討しなければならない。

正倉院（南）の礎石建物の中には、桁行五間（柱と柱の間を一間と呼ぶ）、梁行三間、床面積約九〇㎡と遺跡内で最大の正倉がある。畳約五五畳分というとイメージし易いだろうか。この建物の地業は、掘込地業の中層で、礎石が据えられる場所をさらに念入りに突き固めている。京都府木津川市にある恭仁京の大極殿に用いられた工法に類似していることが指摘されており、中央からの技術の伝播がうかがえる。

正倉の中で特に大型の倉は、史料上で「法倉」と呼ばれるものにあたり、民衆を救済するための穀稲が収納されるなど、君主有徳思想や民衆扶助の理念を象徴的に示す存在であった。幡羅遺跡で確認された巨大な正倉跡は、幡羅郡家における法倉にあたると推定される。

写真18. 掘込地業断面（深谷市教育委員会提供）

この礎石建物の段階において、周囲から炭化した米が出土するものがある。正倉が火災により焼失したことを示している。各地で頻発した正倉火災は神火と呼ばれた。正倉院の中には火気はなく、落雷による発火もあったかも知れず、当初は神の祟りによるものとする認識であった。しかし、実際は税の虚納と着服の隠蔽、あるいは現任郡司の失脚を狙っての放火がほとんどを占めていたようである。政治の世界の不正や行き過ぎた権力抗争は、今も昔も変わらないようである。

九世紀末になると、礎石建物から再び掘立柱建物に建て替えられ、建物の規模は前の段階より小さくなる。そして一〇世紀前半には正倉はその役目を終え、一〇世紀後半には正倉が建ち並んでいた敷地に竪穴建物が造られて人々が居住するようになる。

ところで、米は頴稲（穂首刈りされた稲を束ねたもの）、穀稲（籾殻の付いた状態の米）の二つの形態で正倉に収納された。頴稲は、容積が多くしかも長期保存には向かない形であるが、種籾の貸付けや郡家の経費などとして運用するのに適しており、そのために出し入れの頻度が多く、倉の中の頴稲は随時新しいものに更新されていった。

一方、穀稲は頴稲より腐りにくく長期保存に適し、同じ容積で頴稲の三倍の量を収納できた。収納はバラ積みによるもので、穀倉は巨大な穀櫃といえる。鼠害を少なくするのにも効果的だったらしい。穀稲を納めた穀倉で満倉となったものは、「不動倉」として、「遠年之儲、非常之備」としてもっぱら貯蔵され続けるものであった。そして、飢饉や疫病などの非常時には貧窮民に支給される。権中納言藤原経光の日記『民経記』という鎌倉時代の史料の中で、「炎旱巳渉旬」とある。旬は一〇日のことであり、わずか一〇日の日照りにおびえている。現代では、その程度の日照りが収穫に影響を及ぼすことはないが、当時の生産力では、わずかな日照りが飢饉に直結しかねない状況でもあった。その中で、正倉に蓄えられた穎稲・穀稲は、財源や農業再生産の元手になるほか、安全保障の機能を十分に果たしうる存在であった。法倉に限らずすべての正倉は、単なる米の保管庫ではなく、律令国家の支配力や正当性を地方の民衆に誇示するための、国家権力の象徴であったといえる。

e　幡羅郡家の調査　～郡庁～

幡羅遺跡では、今のところ郡庁は確認されていない。館や曹司の周辺のまだ調査が行われていない部分にある可能性が高いとみられるが、ここでは、各地で調査されている郡庁からわかる特徴について述べたい。

郡の政庁は、行政実務や儀礼・饗宴・裁判などを行う郡家の中枢施設である。正殿、脇殿、後殿などの建物が、ロの字、コの字、品字などに配置され、広場を有する。規模は五〇m四方程度が一般的で、国庁が方一町程度の規模をもつのに比較すると小規模である。上野国新田郡家のように方一町の規模をもつものもあるが、例外的であり、特別な事情があったことが推測される。また、掘立柱塀や回廊で囲まれる場合もある。郡庁の構造にはバリエーションがあるものの、長舎などで構成され、儀礼空間である広場をもつなど、一定の特徴を備えている。また、『常陸国風土記』行方郡条には、郡家の南門に大きな槻樹があったとされる。槻樹は神聖な木であり、郡庁もまた神聖な空間だった。儀制令18元日国司条によれば、毎年元日には国庁で国司と郡司は国庁正殿に向かい天皇に対して朝拝し、次いで国司長官に対して郡司が拝礼、その後、国家の財源による饗宴を行う。地方豪族の郡司が、天皇とそのミコトモチとしての国司に対して服属を示す儀式である。これは国庁で行われた儀式だが、国庁と似た構造の郡庁でも、こうした儀式が行われた可能性が考えられる。

幡羅遺跡の郡庁に関しては、後述する曹司の一建物ブロック、あるいは館としている施設が、七世紀末頃～八世紀初頭の郡庁ではないかとする意見もある。ともにそれ以降の時期に継続しないなどの理由から、郡庁とするには問題がある。いずれにせよ、郡庁が確認されることによって幡羅郡家の構造がより一層明らかになってくるであろう。

f　幡羅郡家の調査　～館～

館は、部内を巡行する国司や公的な使節、または郡司の宿舎であった。上野国交替実録帳の記載では、館は基本的に一館～四館まであり、その中に宿屋や厨、厩舎などがある。しかし、実際に遺跡で館と認定される遺構のあり方は多様であり、正倉や郡庁のように定型化されているとはいえない。館と認定しうるかは、主屋が一定の規模や格式を持ち、低い床張りであるなどの特徴や、付属施設、文字資料など総合的な判断に委ねられる。

幡羅郡家の館は、七世紀後半段階の中枢施設を一部改変したもので、七世紀末頃に整備される。全体の区画は踏襲し、内部を掘立柱塀により北西と南東に分け、北西の区域に格式の高い四面廂建物を主殿として、脇殿や前殿などが建てられる。四面廂建物は、七×五間の立派なもので、柱の太さは三五㎝と遺跡内の建物で最大である。区画外の廃棄土坑からは、前段階と同様に多量の土器と饗宴の残滓とみられる動物遺存体が出土しており、四面廂建物を中心に、饗宴が行われたことを示す。

写真 19. 館（深谷市教育委員会提供）

　ここから出土した食物残滓からは、文献には記されない地方官衙で行われた饗宴の様子がある程度復元できる。貝はハマグリと巻貝のアカニシの二種で、ともに海産に限定される。その他、哺乳類はシカ・イノシシが多く、魚類はニシン科・コイ・フナ・アユ・サケ科・アジ科・タイ科・カツオ・サバ属など、鳥類はスズメ目・キジ科・カモ亜科、また一点のみであるがバフンウニの殻破片が出土している。海の

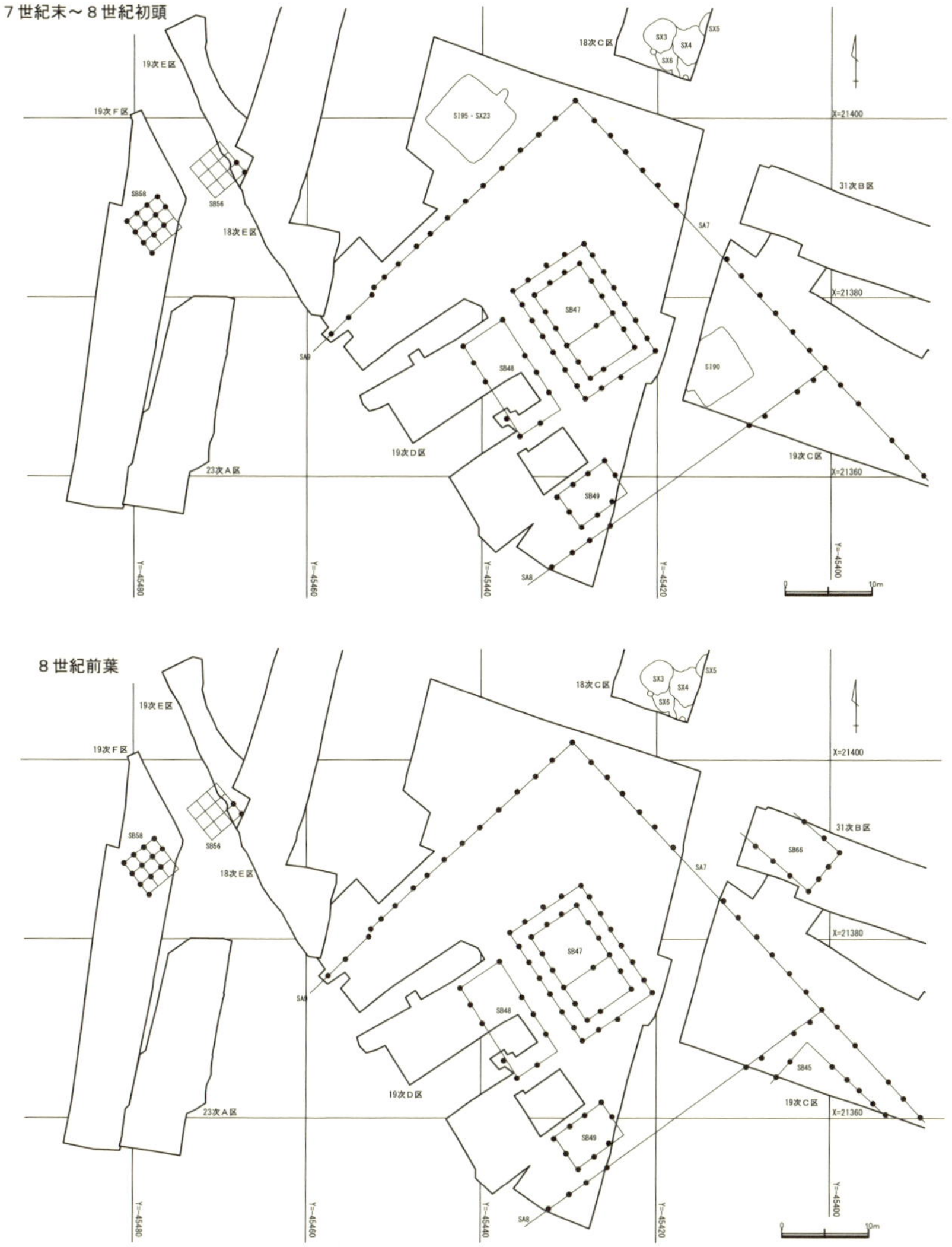
7世紀末～8世紀初頭
19次E区
19次F区
18次C区
SX3
SX4
SX5
SX6
SI95・SX23
X=21400
31次B区
SB58
SB56
18次E区
SA7
X=21380
SB47
SA9
SB48
SI90
19次D区
19次C区
23次A区
X=21360
SB49
SA8
Y=-45480
Y=-45460
Y=-45440
Y=-45420
Y=-45400
0
10m
8世紀前葉
19次E区
19次F区
18次C区
SX3
SX4
SX5
SX6
X=21400
31次B区
SB58
SB56
SB66
18次E区
SA7
X=21380
SB47
SA9
SB48
SB45
19次D区
19次C区
23次A区
X=21360
SB49
SA8
Y=-45480
Y=-45460
Y=-45440
Y=-45420
Y=-45400
0
10m

図12. 館

図 13．館周辺出土遺物（成立期のものも含む）

魚介類は遠方から荒川などの河川を使って運ぶ必要があり、内陸にも関わらずこうしたものが多い。入手が可能な限りの贅沢な食材が用意されており、これらの食材からは、都の貴族の食事に近いものが想定される。

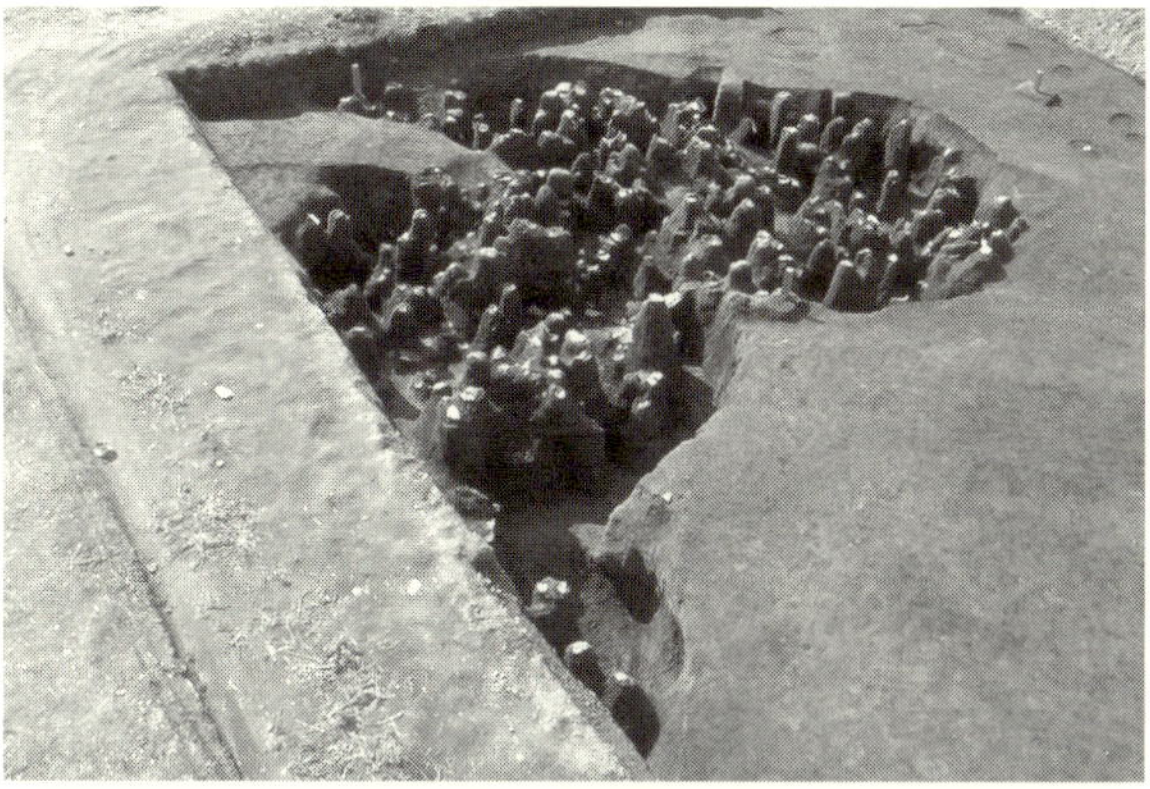

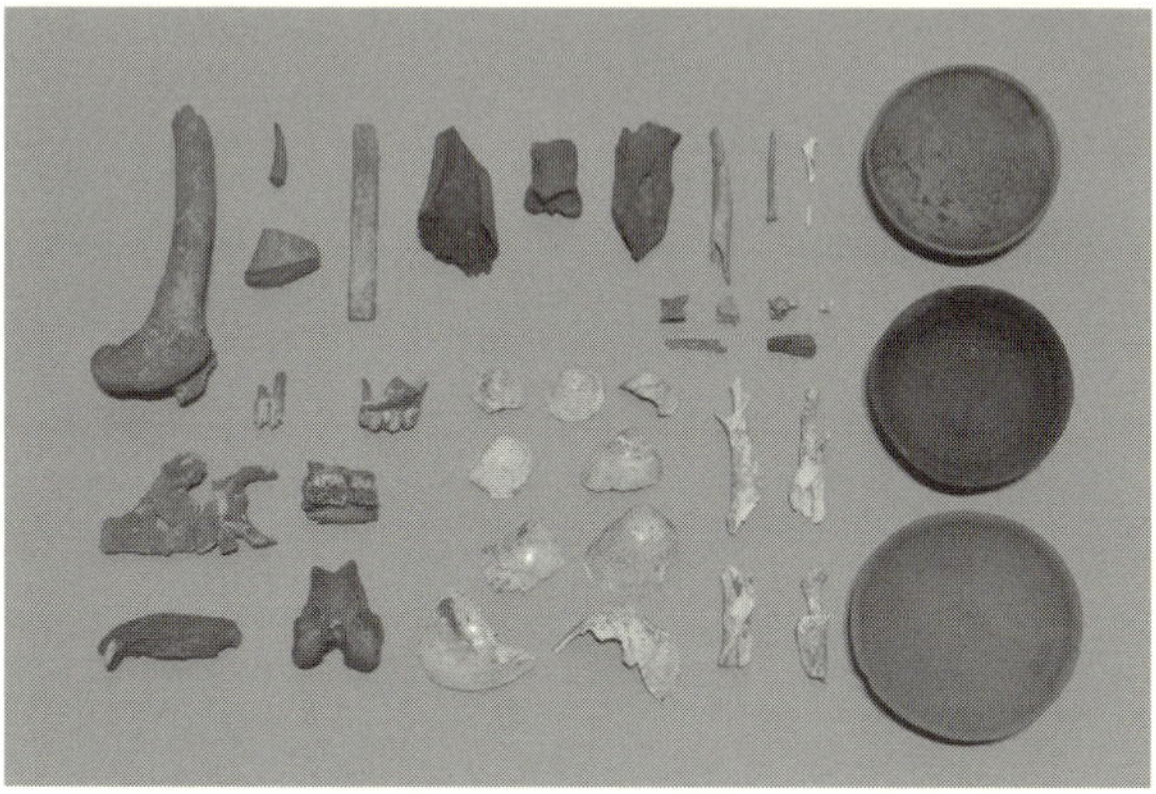

写真 20. 廃棄土坑（上）
写真 21. 廃棄土坑の食物残滓（下）
※右端は土師器杯

廃棄土坑からは、図示できたものだけで千点を越える膨大な数の土器が出土し、消費量の多さを物語る。使用された土器には土師器と須恵器があり、土師器は在地で生産された、内面に暗文というミガキを放射状に施したものが非常に多い。ミガキの部分は光沢があり、これは金属器の光沢を土器に表現したものである。都などで使用される土器を模倣して作られたとみられる。暗文土師器は坏が多く、その大きさは大中小があり、皿や大型の椀もある。土師器暗文坏の中には、それぞれ一点ずつだが畿内や相模国で作られ搬入されたものや、南武蔵で作られた可能性があるものもみられる。須恵器は、寄居町末野にある末野窯跡群で生産されたものや、比企地方や上野国南部、東海地方から搬入されたものなどが

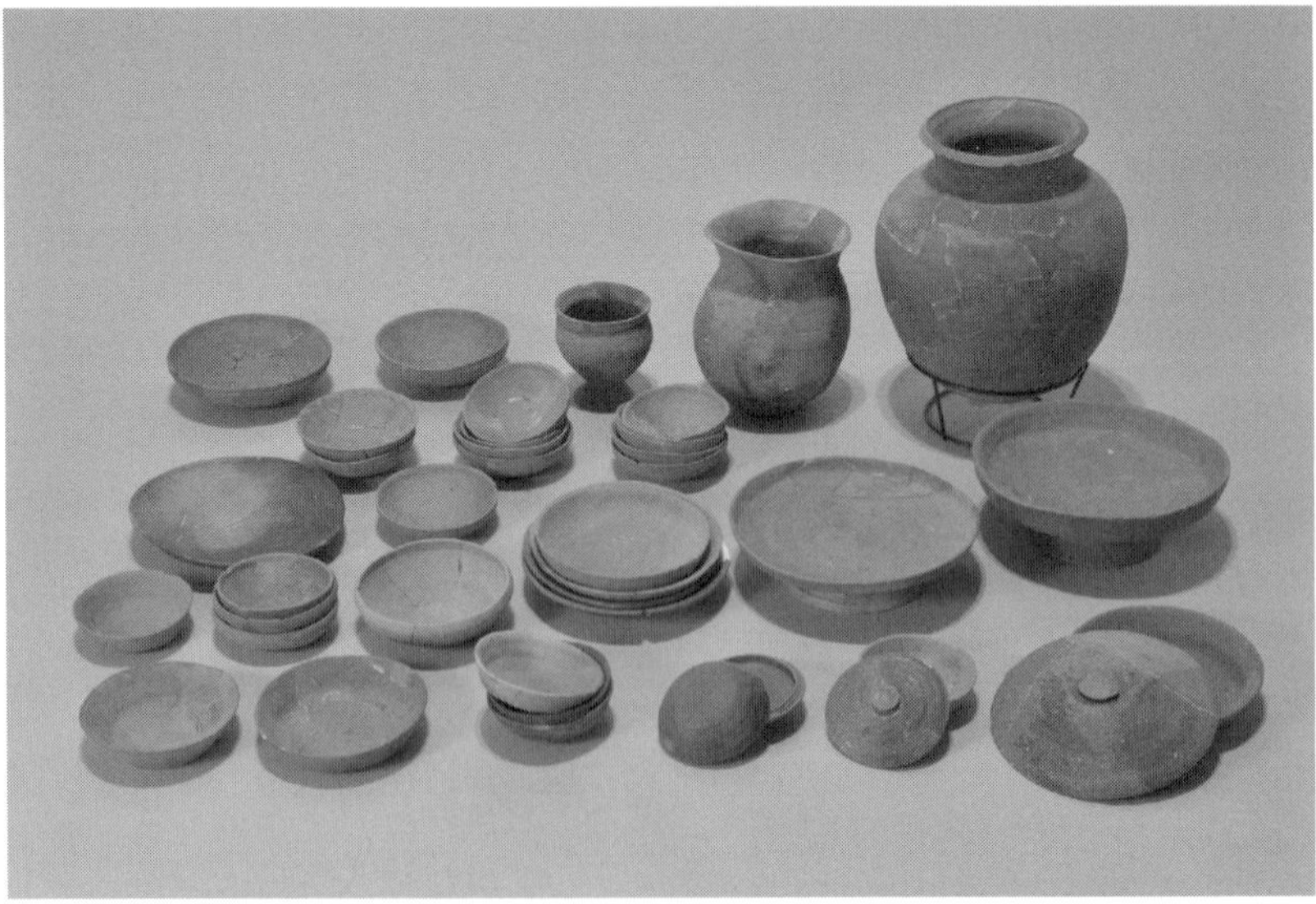

写真 22. 廃棄土坑出土の土器（深谷市教育委員会提供）

ある。須恵器も大中小の坏や蓋、高台が付いた盤という大きな皿状の器やそれに付随する蓋などがある。国司などが滞在した際に、ここで饗宴を開いてもてなすため、こうした大小様々な食器に、豪華な食事を盛って膳に並べて供されたのだろう。国司の部内巡行の目的には郡司の勤務評定もあったから、幡羅郡家での接待には力が入り、贅沢なものが準備された。国司はその内容によって忖度したのだろうか。こうした饗宴は、当時のまつりごとでは重要なことであり、前の段階から館が廃絶するまでの約五〇年間にわたって饗宴の場としての機能を果たし続けた。

幡羅遺跡の館の構造は、四面廂建物を主殿とし脇殿をもつことや規模、存続時期など、武蔵国府で確認された国司館と類似する。武蔵国衙が整備されるのは八世紀第2四半期と考えられており、国府におけるこの遺構はそれ以前であるから、初期国司館と呼ぶべきであろう。国司はここを拠点としつつ、各地を回ったと考えられる。そして、幡羅郡においては、この館に滞在しもてなしを受けたのであろう。つまり、この館は迎賓館的な性格が強く、加えて武蔵北部における拠点として用いられた可能性もある。

幡羅郡家で確認された館の存続期間は八世紀前葉までと短く、その跡地は九世紀に至るまで空閑地になる。館としての存続期間や、主屋や付属施設の構造が、武蔵国府の初期国司館と類似しており、また出土遺物からも施設の重要性がうかがえ、幡羅遺跡の館の性格や機能について注目される。幡羅郡の郡庁が明らかになれば、館の機能がより判明することが期待できる。

g　幡羅郡家の調査　～厨家～

館と同様に定型化した施設ではなく、認定するためには、遺構や遺物などから総合的にみる必要がある。食料や食器の管理、調理などに関わる施設のため、カマド屋や井戸といった遺構、厨家の備品であることなどを示す「厨」の墨書土器がある場合が多い。また、他の官衙施設に比べて、土器が多く出土することも想定される。利便性を考慮すると饗宴などが行われる館や郡庁の近くにある可能性がある。幡羅遺跡の場合は、八世紀前葉までの館が明らかで、その北に廃棄土坑もある。廃棄土坑の東側に、建物ブロックの一端が確認されており、これが厨家にあたる可能性が考えられる。

h　幡羅郡家の調査　～曹司～

曹司としたのは、これまで挙げた施設以外で、行政実務を行う官衙施設である。館の北及び東に、七世紀末頃～九世紀前半にかけての建物ブロックや溝で区画された施設が七か所確認され、計画的に配置されていたことが考えられる（第一三図）。溝で区画された施設

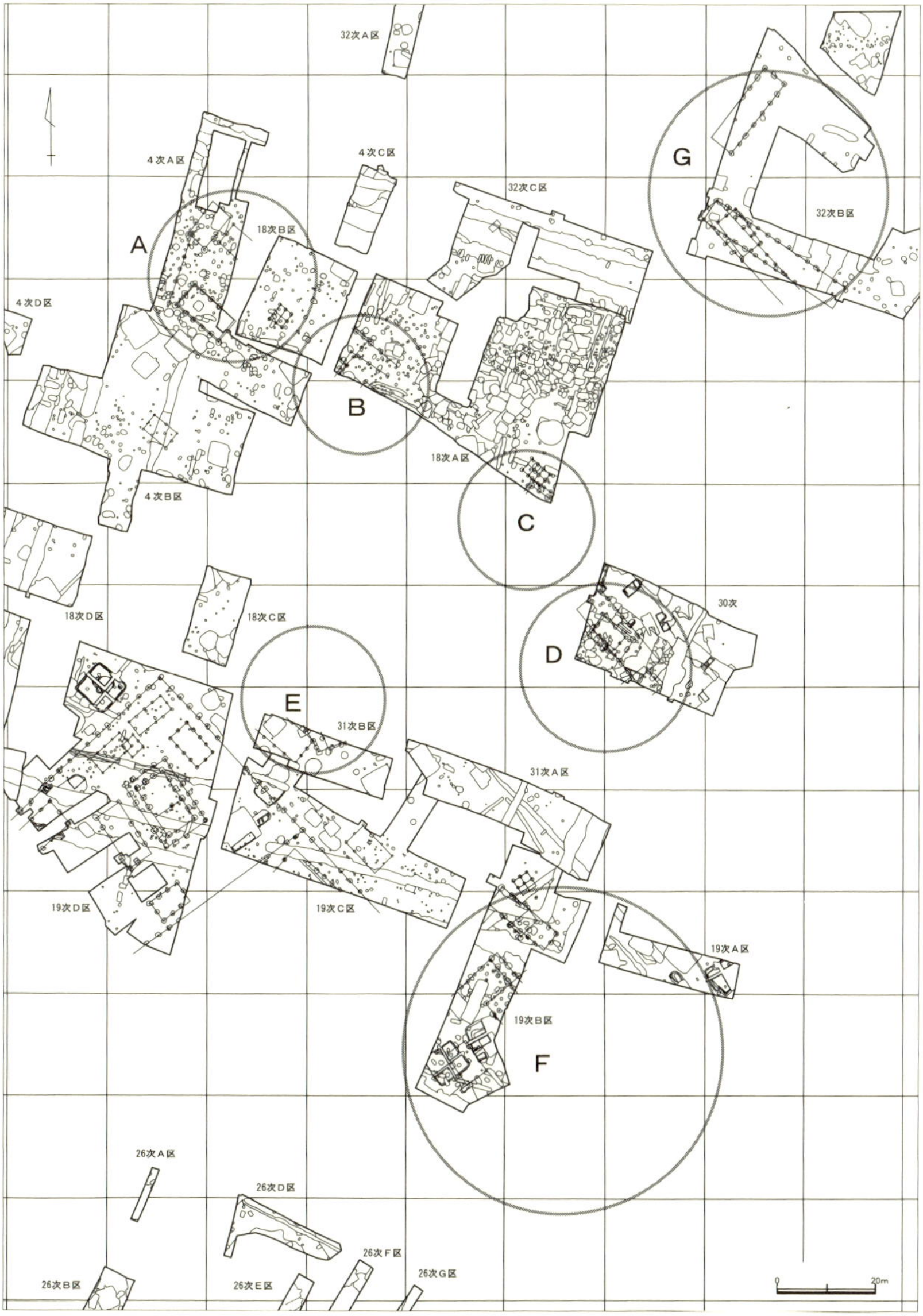
32次A区
4次A区
4次C区
32次C区
G
32次B区
A
18次B区
4次D区
B
18次A区
4次B区
C
18次D区
18次C区
30次
D
E
31次B区
31次A区
19次D区
19次C区
19次A区
19次B区
F
26次A区
26次D区
26次F区
26次G区
26次B区
26次E区
0
20m

図 14. 曹司群

の中には鍛冶工房があり、刀子や釘などの鉄製品を製作していた。刀子は役人にとって必需品で、紙などの物を切るほか、書き損じた木簡の表面を削ることもでき、現代の用途にあてはめれば消しゴムのようにも使われた。古代の役人のことを指して「刀筆の吏」ともいうが、刀子と筆は役人が事務を行うための必需品だったことによるのである。

北東の西別府祭祀遺跡から台地上に上がってすぐにあるGブロックは、一辺が遺跡内で最も長い三一m、そして一七mの建物がL字に並ぶ。これを郡庁とする説もあるが、柱穴掘方の大きさが小さく柱は少し細く、柱の通りがやや不揃いな点が気になる。西別府祭祀遺跡と遺跡中央を通る斜行道路の交点近くにあるため、物流に関わる施設で、物資の一時的な収納・管理施設が考えられないだろうか。このGブロックは三時期にわたって建て替えられるが、最初三一mあったのが二時期目は一九mに、三時期目には、桁行八mになって

写真23. 長大な掘立柱建物跡（深谷市教育委員会提供）

しまう。もう一棟は二時期目に建て替えられず、存続するかは不明である。その南にあるDブロックも三時期あり、最初の時期は八×二間、桁行一八・五mの大規模な建物があるが、二時期目は桁行七・九m、三時期目は桁行五・七mと建て替えごとに小さくなっていく。この二つの建物ブロックについては、その機能が縮小していったことを物語っている。現段階ではすべての曹司の機能を想定することはできないが、今後の調査で、文字資料などの出土により、曹司の機能が明らかになっていくことも期待できる。

i　幡羅郡家の調査　～道路～

遺跡の中央を斜め、直線的に走り、北西の正倉院と南東の館や曹司などを分ける幡羅郡家のメインストリートである。両側に周囲との区画の意味もある側溝をもち、路面幅は南方で八m、北方で六mと台地の縁辺に向かって細くなる。その向かう先には西別府祭祀遺跡があり、交わる付近には、台地から低地へ下りる切り通しが存在しており、この道路の痕跡と思われる。また、崖線下の低地末端部には水路があったとみられ、西別府祭祀遺跡付近は、水路と陸路が交わる地点だった可能性がある。

正倉院より南方の発掘調査区で道路跡を確認する過程において、一つの土錘が出土した。水洗いしてよく見ると、「本」の字が刻んである。丁寧に成形された小さな土錘で、近くの竪穴建物跡や溝から同じ位の大きさの土錘が数多く見つかっていることから、土錘の様（ためし）、つまり見本の可能性も一応考えてみた。しかし、「夲」の字は「奉」の異体字として多く用いられるものでもある。この丁寧な作りは、神へ奉じた物に付けられていたと考えた方が妥当であろう。古来、日本人の世界観では、この世と冥界との境界に対

写真 24. 道路跡（深谷市教育委員会提供）

写真 25. 刻字土錘「夲」（深谷市教育委員会提供）

する意識が強く、台所や便所、井戸、納戸などといった様々なところに神を祀っていた。先に取り上げたカマド神もその一つである。道路もまた境界であり、京の四隅の路上では、疫神が都に入るのを防ぐために疫神を饗応する道饗祭が行われた。時には郡家でも同じように、道路での祭祀が行われていてもおかしくはなく、この土錘は、道路における境界祭祀がここで行われた可能性を示す貴重な遺物とすることができる。

刀子（とうす）
鉄製の小刀

七　幡羅郡家の周辺

a　西別府廃寺　～郡家に隣接する寺院跡～

西別府廃寺は郡家の東に位置し、瓦が採集された範囲や地割から、南北約一五〇m、東西約一一〇mと推定される。遺跡地は中世頃にかなり開発されているようで、古代の遺構の遺存状態は決して良くない。そのような状況の調査で、基壇建物跡一棟、区画溝、瓦が大量に投棄された遺構が確認された。幡羅郡家内には瓦葺きの建物は想定できないが、西別府廃寺には瓦葺きの荘厳な堂が建っていた。また、瓦塔、鉄鉢形土器、墨書土器「寺」など、寺院関連の遺物が出土する。伽藍配置などは不明瞭だが、寺院の方位は正方位に近く、東に三〇～五五度程度振れる郡家諸施設とは、すぐ隣接しているにも関わらず大きく異なっている。

造営されるのは八世紀初頭頃とされ、郡家が整備されるのとはほぼ同時期と考えられ

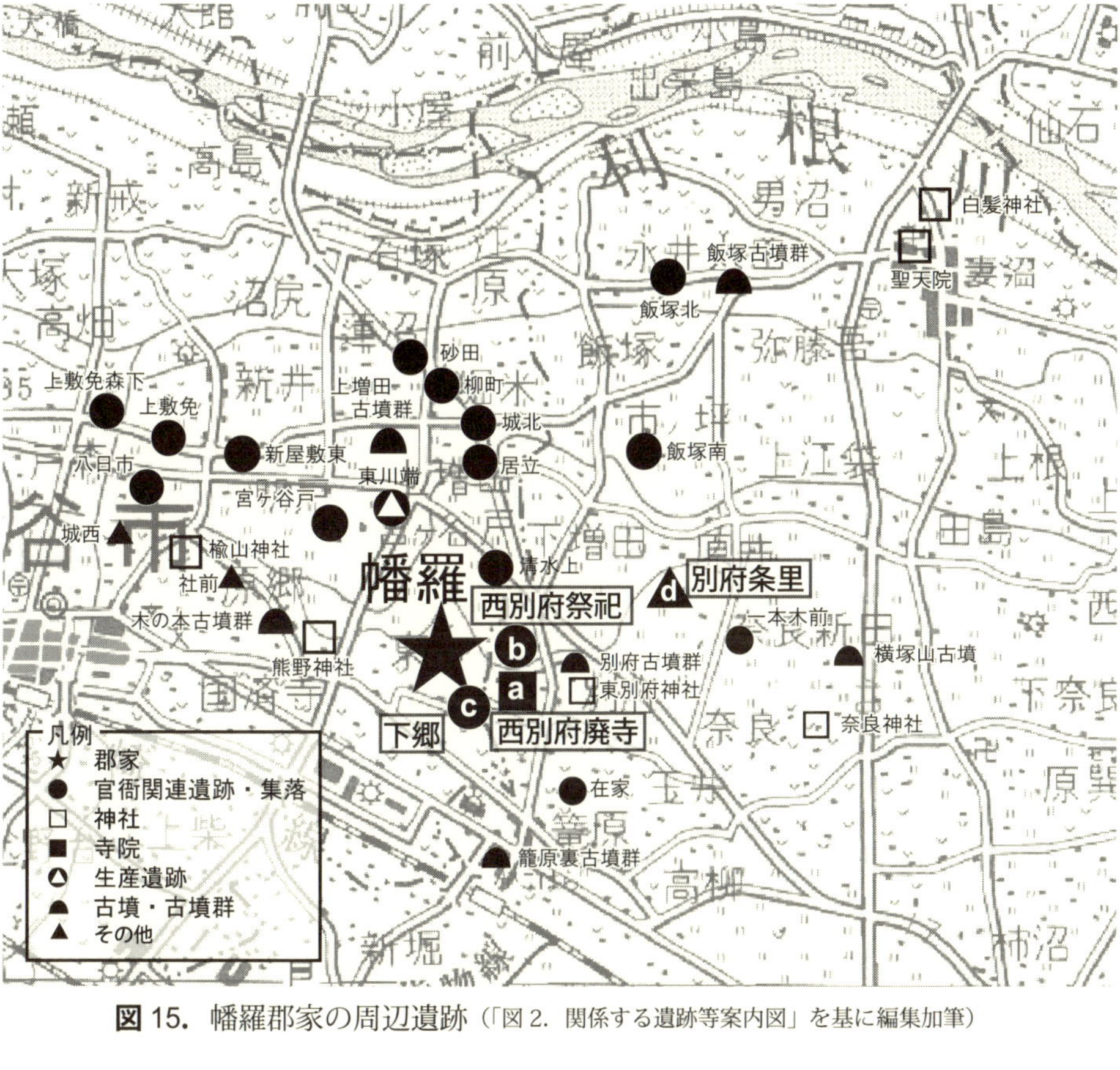

図 15. 幡羅郡家の周辺遺跡（「図 2. 関係する遺跡等案内図」を基に編集加筆）

る。成立をそれよりも若干遅い時期とする説もあるが、郡家が整備されるのと同じ頃とみた方が良いだろう。なお、遺跡から出土した土器や瓦からは、七世紀末と八世紀初頭を明確に区分することは難しい。年代を確実なものにするためにも、土器や瓦の分析を地道に行っていく必要がある。また、同じ頃に籠原裏古墳群は造営を停止する。この寺院は本来郡司氏族の氏寺として建立されたと考えられ、埋葬や追善供養の場が古墳から寺院へと変遷を遂げたことが推測される。そして、西別府廃寺（当時は例えば幡羅寺など別の名称だったろう）は、祖先信仰や一族繁栄祈願といった氏寺的機能の他に、護国祈願や民衆教化といった公的な機能を担い、幡羅郡内における仏教信仰の中枢として、または国家の仏教政策の末端機構として機能したことも想定される。

b　西別府祭祀遺跡　～郡家に隣接する祭祀跡～

西別府祭祀遺跡の湧水点における祭祀は、前段階の七世紀後半にすでに始まっているが、その形態が七世紀末頃から大きく変化し、それまでの石製模造品による古墳時代的な祭祀から、土器を用いた祭祀に転換した。祭祀に用いられた土器の中には、四〇点を越える墨書土器があり、「□□祠□得□」といった願文や道教の影響を受けた特殊文字、「大桑」「大」「平」などの文字がある。律令制的祭祀具といえば、人形・斎串といった木製品や土馬・

人面墨書土器などがあるが、それらは出土していない。仮に木製品がそこにあったとしたら、腐らずに残る環境であり、現に数字や「大」「君而」「忽」などの文字を手習いで記した木簡一点が出土している。律令制的祭祀は、これまで調査された場所とは別の地点で行われていた可能性もある。

また、この遺跡には、祭祀場としてだけでなく、船着き場としての性格も考えられる。発掘調査では、運河として使用されていたであろう河川跡の一部が確認された。崖線下の水路に沿った現在の道の下にあたる。先述した幡羅遺跡内を斜行する道路は祭祀遺跡へと延びており、水陸交通が交わる地点になる。神奈川県茅ケ崎市の下寺尾官衙遺跡群（相模国高座郡家跡）では、船着き場で律令制的祭祀が行われている。西別府祭祀遺跡にも、河川と船着き場が想定されているが、船着き場はま

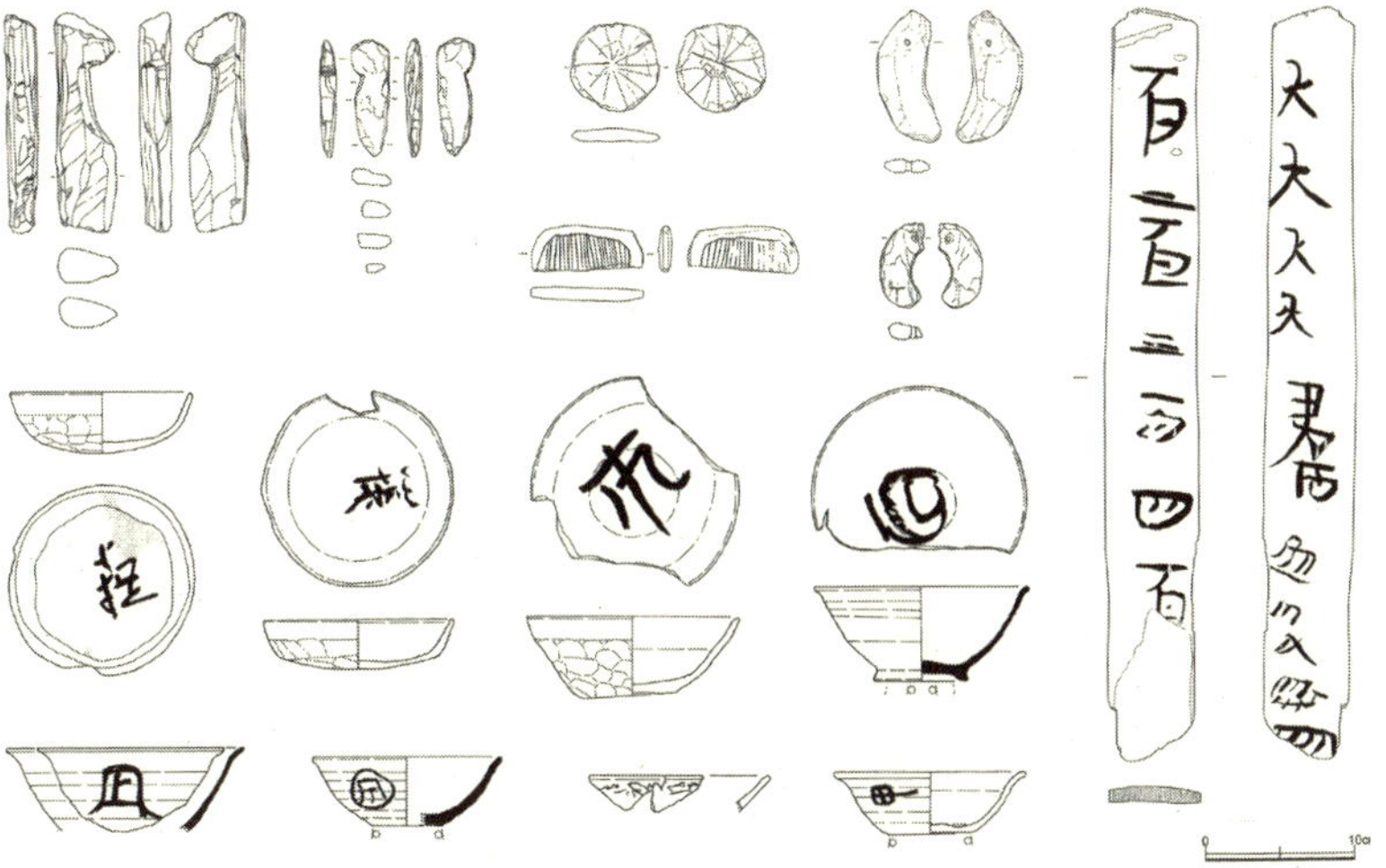

図 16. 西別府祭祀遺跡出土遺物（熊谷市教育委員会 2013、2016 から引用）

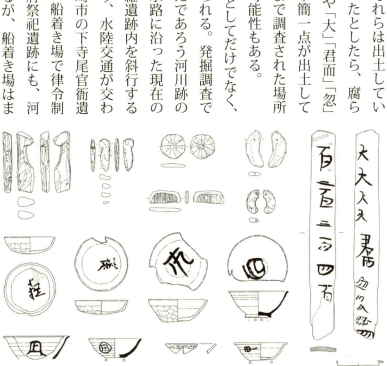

だ確認されていない。それが見つかれば、あるいはそこで律令的祭祀を行っていたことが証明されるかも知れない。

現在、遺跡地は用水路と湯殿神社境内地になっており、古代の神聖な雰囲気を味わえる深遠な空間がそこにはある。

写真26・崖線下の道

写真27・西別府祭祀遺跡の現況

写真28・湯殿神社

c　下郷遺跡　〜郡家の周囲に広がる集落〜

下郷遺跡は、郡家から南に約一㎞、西に約三〇〇ｍと広範囲に広がる大集落である。郡家と同じ台地上にあり、郡家と同じ七世紀後半に出現し、郡家の衰退とともに一〇〜一一世紀頃消えていく。遺跡を縦断する形で深谷から熊谷へ抜ける道路が建設されることになったので、それに先立ち発掘調査が行われ、粗密はあるものの遺構がほとんど途切れることなく分布することがわかった。集落は、幡羅遺跡の近くから広範囲に広がっていったといえる。これまでに確認された竪穴建物跡は三〇〇棟以上にのぼり、掘立柱建物跡多数や道路跡などが確認され、遺物も多量に出土した。郡家内は掃き清められて、遺物はゴミ捨て場である廃棄土坑に集中して廃棄されており、そのため廃棄土坑内からの遺物出土は多いが、郡家内からの遺物の出土は総じて少ない。未発見の廃棄土坑がまだまだ埋もれていると思われるものの、遺物の量という面では、生活の場であった集落からの遺物出土量の方がむしろ多い。

出土遺物には、郡家内と同様に刀子、円面硯、転用硯、砥石、帯金具といった役人がもっていた物が多く、役人や郡家に関わる人々の存在を示している。捨てられる際に曲げ伸ばされた鋏、用途不明の毛抜形鉄器などもある。文字資料は多く、郡家に近い地点から、郡名を指す「坡」「婆羅」や「國・羽多」「南」「門」、郡家に向かう道路跡付近から「馬・十」、その他「寿」「部」「小川」「大井」「企」といった墨書土器や、刻書土器「上」「大井」「吉恵」などが出土し、普通の集落とは一線を画す内容である。

また、粘土採掘坑がとても多い。直径一〇m、深さ一m近い巨大な採掘坑もあれば、竪穴建物の床下を深く掘り込んだものもある。古代の竪穴建物の中には、カマドの材料となる粘土を掘り出してから埋め戻し、その上に土間を造る例が多くみられる。平坦な床面をわざわざ掘り込んだがために、住んでいるうちに一度掘り込んだ部分が若干沈下した例もしばしばみられる。平らでない床の上に暮らすのは快適ではないのではないかと感じてしまうが、それでも床下という身近な場所から粘土を採取することに利点が大きかったのだろうか。ただし、下郷遺跡の場合は、そうした例を凌駕する規模で、中には、竪穴建物を廃絶した後にも床下や壁面を掘り込んでいる例もある。さらに少数ではあるが、土師器を焼成した窯も確認されている。そうしたことから、採掘された粘土の多くは、土師器を生産するためのものだったと今のところ推定している。生産された土師器は、郡家で消費されたほか、周辺にも供給されたであろう。その他の遺物では、糸紡ぎの道具である紡錘車も多く出土する。米以外で税として特に重要だったのは絹などの布であり、その生産もこの集落で行われたかも知れない。また、一点ではあるが、計量器とされるコップ形土器が

写真29・粘土採掘坑（深谷市教育委員会提供）

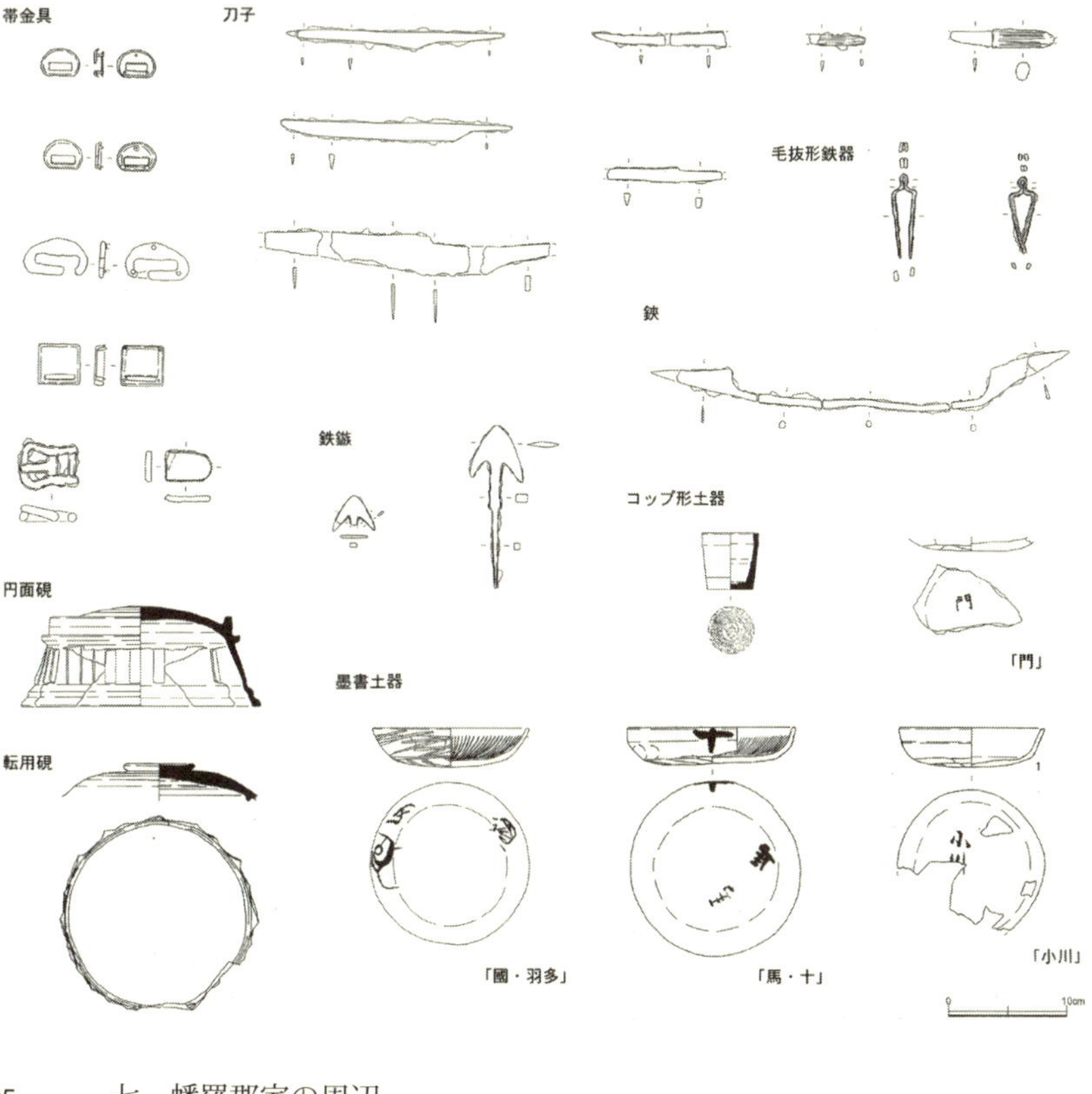

図17・下郷遺跡出土遺物

出土していることから、市などが開かれた可能性もある。

下郷遺跡の集落規模はかなり大きく、郡家に勤務した人々、労役のために徴発されて集められた人々だけでなく、ここを中心に行われたであろう様々な生産活動に従事する人々がいたと思われるが、集落の人々が具体的にどんな活動をしていたのか、今後解明しなければならない課題である。幡羅郡家にとって下郷集落は関係の深い存在であり、郡家は寺院・祭祀ばかりでなく集落とも一体となって機能していたのである。

d　別府条里

幡羅郡家の東方、熊谷市東別府の水田地帯には、古代の耕地区画の痕跡が残る別府条里遺跡がある。すでに述べたが、『続日本後紀』にある荒廃田を再開発して冷泉院領にあてた記事の中の一二三町の水田は別符田になりえたと思われ、別府条里に重なる可能性が考えられる。

もともとの条里水田は、別府条里遺跡や再開発された荒廃田の範囲よりさらに広がりがあったとみられ、幡羅遺跡から北に約一㎞にあり、現在の深谷バイパスと上武道路の分岐点付近に位置する清水上遺跡でも、関連する遺構が確認されている。集落の出現は七世紀に入ってからで、幡羅遺跡が出現する少し前に開発された場所といえる。しかし、集落としては短命で、八世紀初頭には居住域ではなくなり、代わってそこには水田に伴う用排水路が掘られ、条里水田が整備される。集落の人々は、台地上の幡羅・下郷遺跡へ移転したのかも知れない。条里水田のための用排水路と捉えられる東西・南北方向に走る溝は、断片的な確認ではあるが、平行して何条も掘削されている。南北方向の溝は少し西に触れるが、東西方向の溝から、正方位を基本としていることがわかる。遺構の主軸方位については、郡家造営方位とはまた違った基準により施工されたものと思われる。

斎串（いぐし）
木の薄い板の先端を尖らせたもの。地上に挿し立てて結界を示すなど、祭祀に用いられていたと考えられる。

八　幡羅郡家と関わる主な遺跡

a　新屋敷東遺跡　～正倉別院か～

幡羅遺跡から約二・五㎞北西の妻沼低地の自然堤防上にあり、国道一七号バイパス道路建設時に調査された。今の「明戸東」交差点付近にあたる。六世紀から平安時代を中心とする集落であるが、その一角から、幡羅郡家の正倉に匹敵する、大規模な高床倉庫が六棟確認された。倉庫跡からの遺物はほとんどないことから、時期は明確ではないが、八世紀頃のものと推定される。

郡家の正倉は、郡家以外の地に置かれることもあった。『出雲国風土記』には、郷の説明の中に「有正倉」とし、遺跡で実際に確認された例もある。また、延暦一四年（七九五）の太政官符では、百姓の納税の便を図るためや、火災による焼失を最小限に抑えるため、郷に正倉を分置する政策がとられている。新屋敷東遺跡の倉庫群は、それよりもやや古い

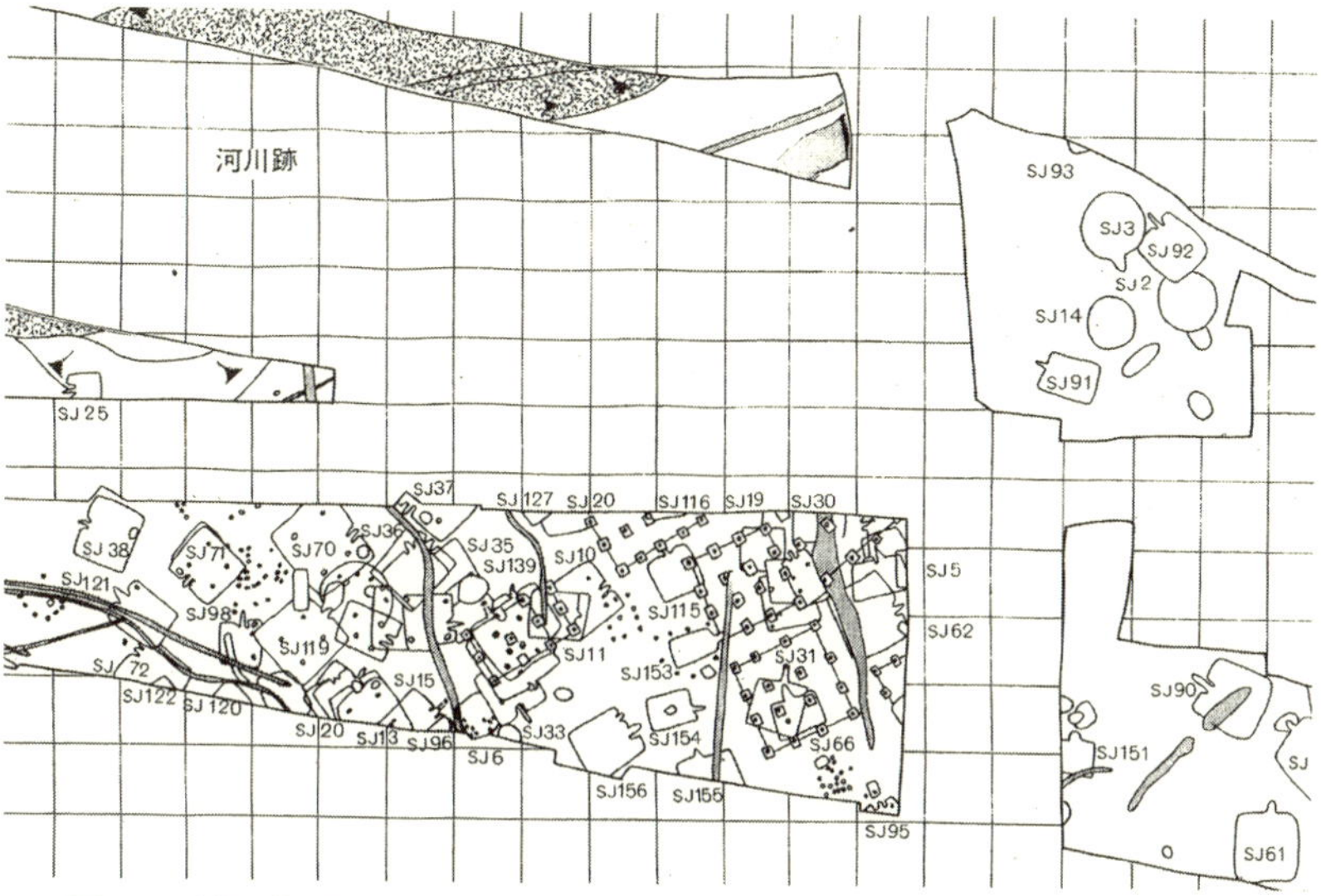

図 18. 新屋敷東遺跡倉庫群（埼玉県埋蔵文化財調査事業団 1992 から引用）

時期にあたるが、こうした郡内に分置された正倉別院の可能性がある。これらの倉庫は、幡羅郡家正倉のように、同地点での建て替えはされていない。しかし、すべて同時に建つことが難しい距離で近接していることから、隣地に建て替えられるなどして、二時期以上はあったと思われる。

八世紀代は、調査区内に竪穴建物がほとんど認められないことから、倉庫群を造る際に居住域を少し離したことも考えられ、この点は郡家正倉と同様である。倉庫群の北には河川跡が確認されており、正倉別院は河川交通の要衝に造られたのであろう。

b　東川端遺跡　～土師器の生産遺跡～

幡羅遺跡から約一・三㎞北方の妻沼低地の自然堤防上にあり、県道建設に先立って調査された。古墳時代前期の方形周溝墓や六世紀の馬鐸が出土するなど古くに開発された地であり、特に七世紀の後半になって竪穴建物数が増加し、その後九世紀頃まで集落は存続する。遺構は竪穴建物や掘立柱建物のほかに、土師器焼成遺構、粘土採掘坑があることから、土師器生産に関わる集落と捉えられる。そして、畿内の土器と同じ放射状暗文を施した坏・椀・皿が多量に出土していることから、暗文土器を中心に生産していたと思われる。在地産の暗文土器は、幡羅郡周辺の集落でも出土するが、幡羅郡家や榛沢郡家、およびその周辺の出土量が非常に多く、主に郡家に多量に供給されたとみられることから、郡家に深い関わりを持った生産遺跡といえる。そして、やはり幡羅郡家との関係が深く、土師器生産を行っていた下郷遺跡との関係も今後の検討を要する。

d．在家遺跡　～郡の出先機関か～

幡羅遺跡から約一・三㎞南東の市街地の中にある。奈良堰幹線用水路が北上する西側が調査され、桁行五間以上の大型のものを含む掘立柱建物や竪穴建物などと、L字状の区画溝が確認された。これらの遺構は八～九世紀のもので、硯や墨書土器「播」「林主」、朱墨により「荒」と記された土器などの官衙的な遺物が出土している。
遺構の主軸方位は今ある用水路と同じであり、用水路自体が古くから存在していた可能性も考えられる。これを古代の水路の名残りとするなら、すぐ南に郡間道路の後身の可能性がある旧中山道が東西に走っていることも併せると、この遺跡は物流の拠点とみることができる。こうした立地環境に造られた郡家の出先機関、または有力者の居宅といった性格が考えられようか。

馬鐸（ばたく）
馬に付ける青銅製の装飾品で音を発する。形は銅鐸に似る。

九　周辺の郡家と関連遺跡

a　**熊野・中宿遺跡**　～武蔵国榛沢郡家～

中宿遺跡は、幡羅郡の西隣の榛沢郡の郡家正倉院で、溝で区画された敷地の中から延べ二三棟の建物跡が確認されている。遺跡は保存されて「中宿歴史公園」となり、正倉二棟が復元され、当時の様相をイメージすることができる。この遺跡の特徴の一つはその立地であり、台地の先端という点では幡羅郡家と同様であるが、もともとは緩斜面だった場所を雛壇状に整地して、その段ごとに正倉列を配置している。崖線の下には滝下遺跡があり、運河とみられる河川跡が確認されている。今では公園内の池に整備され、夏には古代蓮が咲き、そこから見上げた正倉は絵になる風景である。公園の東には「道の駅おかべ」があり、そこにはかつて郡家が成立する前の集落と、成立後の条里水田があったことが確認されている。

中宿遺跡の南東には、郡家に近接して岡廃寺があり、主要な堂とみられる礎石建物跡や多量の瓦、郡名を表す「榛」の文字を刻印した瓦、墨書土器「寺」などが出土している。伽藍配置など全体像は不明だが、出土した瓦から、八世紀第2四半期に成立したと考えられる。九世紀初頭には竪穴建物が進出することから、その段階はすでに構造が変化している。

写真30. 中宿遺跡復元倉庫（深谷市教育委員会提供）

その南方には熊野遺跡が、東西約一・二km、南北約八〇〇mもの広範囲に広がる。郡家のあった七世紀末〜九世紀頃を中心とする集落跡で、官衙的な遺構・遺物も多く見られる。幡羅郡家の南方に広がる下郷遺跡と同じような位置付けができよう。ただし、七世紀後半代には、熊野遺跡内に評家の中心施設といってよい建物群がみられる。中大兄皇子が造った漏刻（水時計）に関わると考えられる、奈良県明日香村にある飛鳥水落遺跡で出土した土器に類似する畿内産土師器が出土し、六六〇年頃の年代が与えられている。これら

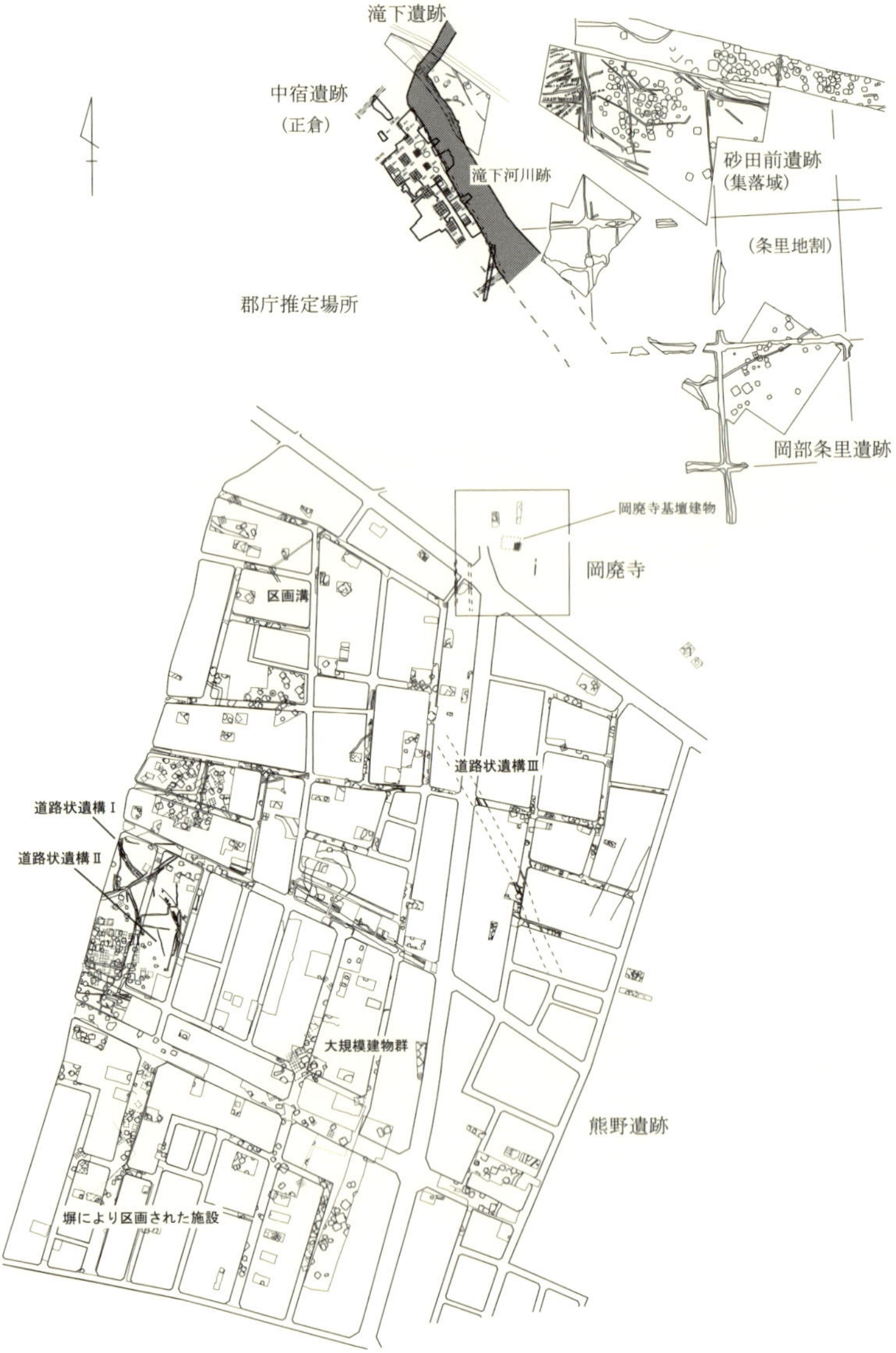

図 19. 熊野・中宿遺跡（鳥羽 2011 から引用・改変）

のことから、評家が七世紀後半の比較的早い段階に成立し、その中枢施設は熊野遺跡内にあったと推定できる。同じ頃の鍛冶工房跡からは、鉄製小札や鉄鏃などが出土し、武具の生産も行われたことがわかる。また、祭祀にも使ったであろう石組井戸や祭祀的空間、大きな区画溝など多様な遺構・遺物が豊富に存在している。

榛沢郡家の主要施設は正倉院しか確認されていないが、評家成立期の状況や、郡段階については郡家を中心としたかなり広い範囲の景観を復元することが可能な遺跡である。

b　天良七堂遺跡　～上野国新田郡家～

幡羅郡の北、利根川の対岸にある上野国新田郡の郡家である天良七堂遺跡は、太田市天良町にある。すぐ南に東山道が走り、武蔵国府へ向かう東山道武蔵路との分岐点が近くに推定されるなど、交通の要衝に位置する。東西約四〇〇m、南北約三〇〇mの範囲を台形に溝で区画し、その中に郡庁や正倉などが配置されている。郡庁とその周辺は、国史跡に指定されている。上野国は交替実録帳の存在により、郡家各施設の内容が推定できる。新田郡の郡庁は、長舎で四方を囲まれた様子が推定されていたが、発掘調査ではそれを裏付けるように、四方が長舎や掘立柱塀により囲まれ中央に正殿がある、一辺約九〇mにも及ぶ郡庁が確認された。一般的な郡庁の規模は一辺約五〇m前後であるが、それを凌駕し、国の政庁である国庁の規模に匹敵する。さらにある時期には、広場全体に石が敷かれ荘厳化されている。郡庁の広場は儀式などを行う空間であり、それらの特徴から、新田郡の担った役割が特別だったことをうかがわせる。例えば、蝦夷との戦争のための拠点としての役割などの理由が考えうる。新田郡は五郷と駅家があり規模はそれ程大きくはないが、中央政府にとって重要な拠点であったことは確かであろう。

郡庁の四方は、多数の正倉が分布する。実録帳には、東第○というように、東・西・北・中・中行で分けて正倉建物が記載されており、郡庁の南を除いて分布する状況は発掘調査で確認されたものと一致する。また、実録帳の記載ではすべての倉庫が「土倉」となっている。これは防火のために壁に土を塗ったものと考えられ、調査では実際にスサが入った粘土塊が出土している。いくつかの地点では、正倉火災があったことを示

写真 31. 史跡新田郡庁跡

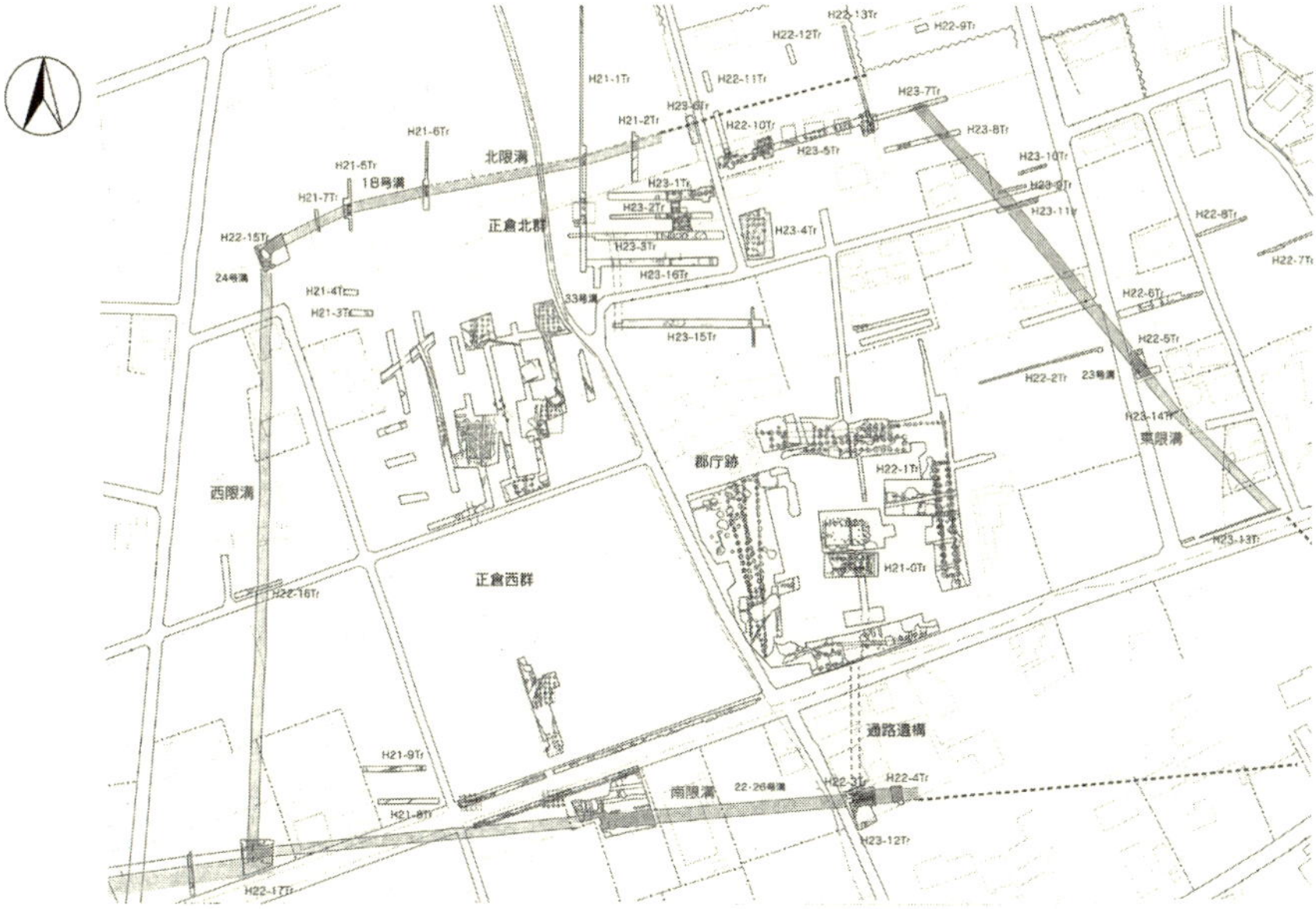

図 20. 天良七堂遺跡（太田市教育委員会 2012 から引用）

す炭化米が確認されており、正倉火災の裏にある虚納・着服などの不正や権力抗争などが起こっていたようだ。

館や厨家は確認されていないが、厨家は駅路の南に想定されている。東には寺井廃寺があり、また周辺には前代の前方後円墳や唐三彩陶枕が出土した境ケ谷戸遺跡、大型の礎石建物が確認された入谷遺跡、後世に新田義貞が鎌倉幕府討幕のために旗揚げしたと伝わる生品神社があり、律令時代の前後も含めて重要拠点だったといえる。

c　三軒屋遺跡　～上野国佐位郡家～

新田郡の西、上野国佐位郡の郡家である三軒屋遺跡は、伊勢崎市上植木町、現在の殖蓮小学校周辺にあり、舌状の微高地上に立地し、すぐ南には東山道が東西に走る。遺跡の大部分が国史跡に指定されている。、区画溝で囲まれた南北約三〇〇m、東西約二〇〇mの敷地が正倉院である。新田郡同様、実録帳に中南・中南二行・中三行・南・北などと分類されて正倉建物が記載されており、それを裏付けるように複数の正倉列が確認された。この遺跡を特徴づけるのは、八角形の倉庫跡の存在である。通常の倉庫とは異なり格式が高いとみられるが、類例はほとんどない。実録帳にある「中南第一八面甲倉壹□」にあたり、甲倉とは校倉《あぜくら》のことであったと考えられる。

写真32. 三軒屋遺跡八面甲倉跡（伊勢崎市教育委員会提供）

正倉院の東には、幢竿を建てたとみられる斜めに掘られた柱穴が確認されている。荘厳化を図るためのもので、そのさらに東には、郡家へと向かう道路と水田の跡がある。八面甲倉も正倉院の東寄りに位置しており、これら視覚に訴える施設は、東からの来訪者にとって最も目立つ位置に建てられたのだろう。郡庁については、遺跡の北東部から確認された大型の掘立柱建物が、その一部である可能性が指摘されているが、これも正倉院の東に位置する。また、正倉院区画溝の北西隅には大型の土坑が掘られ、底面には白色粘土が貼られている。土壌分析により水が溜まっていたことが判明し、倉庫令にある池渠、つまり防火のための水溜めだった可能性がある。

寺院は、北方約一㎞に上植木廃寺、南方約三㎞に十三宝塚遺跡がある。上植木廃寺は七世紀後半に建立され、回廊で囲まれた中に、金堂、塔、講堂などの伽藍が備わった本格的な寺院である。明治三八年にはすでに知られていた。郷名が刻まれた文字瓦が多く出土し、郡内の郷のほとんどに及ぶことから、郡を挙げてこの寺院の建立が行われたことがうかがえる。上植木廃寺は、佐位郡司氏族の氏寺としての性格があるが、公的な性格ももっていた可能性が考えられる。また、十三宝塚遺跡は回廊が巡り、南辺中央部には門、区画の内部には仏堂と考えられる基壇をもつ礎石建物や塔の跡が確認されている。かつては佐位郡家とする説もあったが、瓦や奈良三彩、仏像の破片などの仏教的遺物が出土し、三軒屋遺跡で郡家跡が確認されたことから、上植木廃寺より格が低いが、佐位郡司氏族の氏寺だった可能性が指摘されている。

佐位郡の郡司氏族は檜前部君氏ということがわかっている。その出身で采女として天皇のもとに仕えた檜前部老刀自は、称徳天皇の信任を得て「上野佐位朝臣」の姓を賜り、宝亀二年（七七二）には従五位下まで昇っている。普通、地方豪族出身者の位階は外位が与えられ、中央の貴族・官人に与えられる内位とは一線を画すことを考えると大変な出世である。八面甲倉が建てられる時期は、彼女が活躍した時期よりもやや早いと考えられているが、彼女を介して中央政府とも密接な繋がりをもつ郡の役所の様子が明らかになりつつあることは意義深い。

d　百済木遺跡　〜武蔵国男衾郡の豪族居宅〜

深谷市本田の熊谷市との境付近にあり、遺跡の中心部は、凸版印刷株式会社の工場となっている。工場の敷地内は大きく改変されてしまったが、近くを通ると、とても起伏に富んだ地形であったことがわかる。発掘調査では、七世紀末〜八世紀初頭にかけて営まれた二つの建物群が確認された。谷を挟んで丘陵上に相対するこの遺構に関しては、郡領（郡の長官・次官）層の居宅、少領（次官）クラスあるいは主政（第三等官）・主帳（書記官）クラスの居宅とする見解がある。いずれの考えも、郡司の私的な居宅と捉えている。居宅が営まれていたのが短い期間であるため、居宅の主がどこから来てどこに移ったか、またその理由は今のところ謎である

二つの居宅は、外側に全周はしない柵が巡り、中央に大型竪穴建物、それを取り巻くようにやや大きな掘立柱建物群が配置される。大型竪穴建物については、厨房であるカマド屋とする意見もあるが、規模から考えて主屋と考えるのが妥当であろう。ほぼ同規模の居宅が約二〇〇mという至近距離で併存し、その消長も同じというのが興味深い。

市境を挟み百済木遺跡の南東には「花寺」「東院」の墨書土器が出土した寺内廃寺があり、講堂、金堂、中門が南北に中軸線上に並び、塔が金堂の隣に配置される様子が確認されている。位置的には百済木遺跡との関係が想起されるが、寺内廃寺の活動時期は八世紀後半

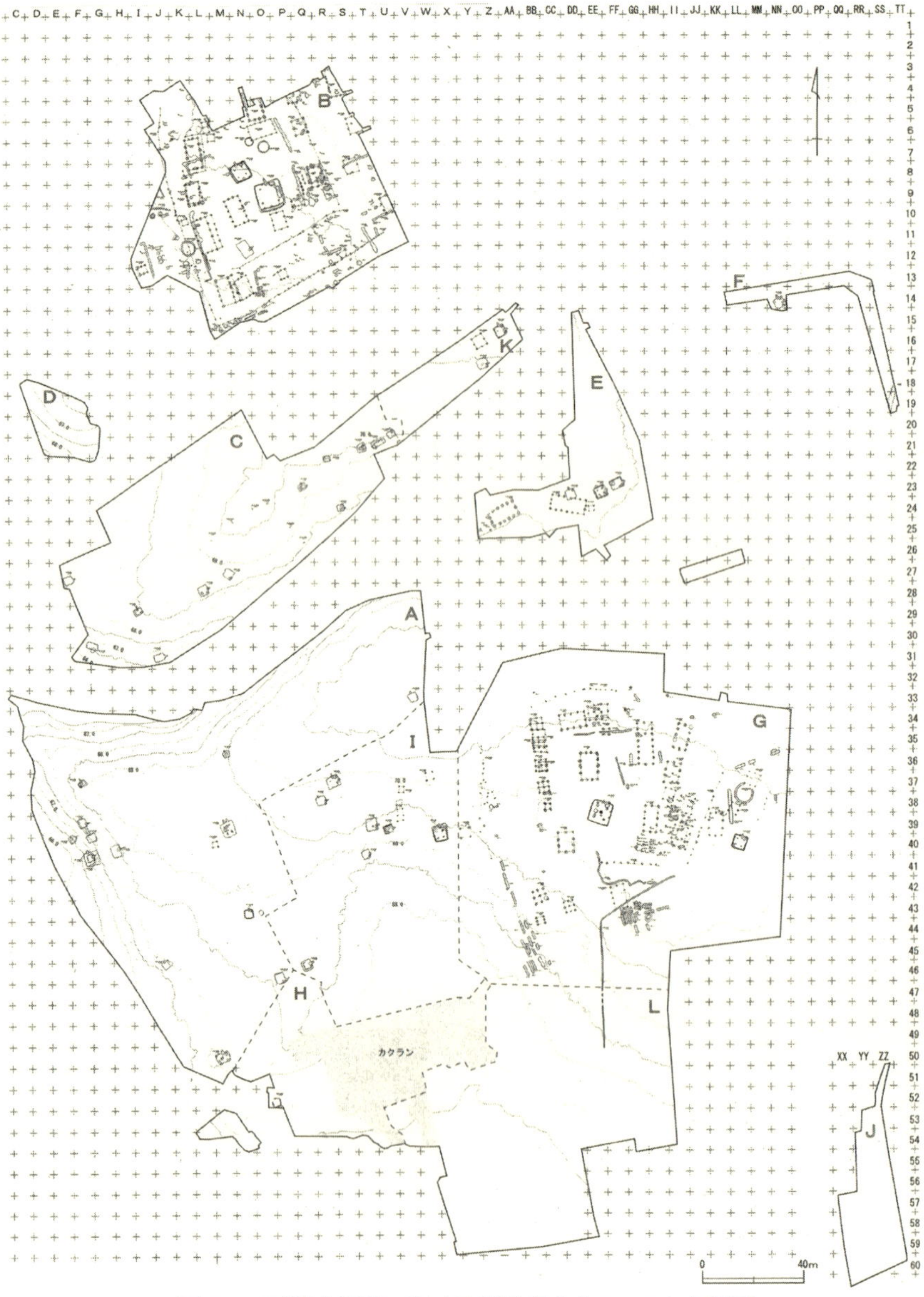

図 21．百済木遺跡（川本町遺跡調査会 2003 から引用）

から一〇世紀半ばと捉えられており、百済木遺跡の居宅とは時期的に重ならない。

男衾郡といえば、承和一二年（八四五）に火災で焼失した国分寺七重塔の再建を申し出た壬生吉志福正が有名である。彼が活躍した時期は、居宅の時期とは重ならないが、寺内廃寺が拡張・整備された時期と重なり、これにも関わっていたとしたら余程の資産家だったのだろう。彼は渡来系の人物と考えられ、また百済木遺跡のある百済木という地名は、百済からの渡来人が住んだ地と伝えられてきたことが由来と思われる。七世紀末〜八世紀初頭という短い期間、百済木遺跡に居宅を営んだのは、福正の先祖にあたる壬生吉志氏だったか、あるいは男衾郡内には複数系統の渡来系集団がいたことも考えられるため、それ以外の氏族だったたであろうか。

百済木遺跡の調査では、渡来人の居住地だったことを直接示すような遺構や遺物の出土が期待されたはずだが、そうした遺構・遺物はほとんど確認されなかった。図示ができなかった遺物の中に、底部が二つある異形の土師器もあったらしく、こうした異形土器など渡来系遺物そのものではないが、在地の遺物とは異質なものが渡来系の痕跡ともいえる。幡羅郡と同様に、すでに土着化した集団だったのだろう。また、外来の遺物では、貨泉が一点だけ出土している。出土したのは、居宅遺構から外れた場所にあった奈良時代の小さな竪穴建物跡である。貨泉とは、中国新王朝の王莽が西暦一四〜四〇年に鋳造した銅銭で、

「貨泉」の銘が鋳出される。日本では、西日本の弥生時代の遺跡を中心とし、中世などそれ以降の遺跡からの出土例もあるが、数はそれ程多くはないようである。渡来人が携えてきたものの伝世品だったことも想像したいところであるが、遺跡内に数多くある中世の遺構が重複していた可能性もあり、古代の遺物と断定することはできないだろう。

e　小敷田遺跡　〜武蔵国埼玉郡・出挙木簡が出土〜

幡羅遺跡から東南東に約一〇㎞の熊谷市小敷田にあり、国道一七号バイパス建設に先立ち調査された。明確な建物跡は確認されていないが、七世紀末から八世紀初頭の出挙及び祭祀関係の木簡が、二基の土坑から十点出土している。その近くには二×二間、二×三間の高床倉庫がそれぞれ一棟、そして溝や小河川が確認されている。出挙木簡は稲の貸し出しと返済を記したもので、この高床倉庫に関わるとみられる。溝や小河川を用いた水運を用いた拠点だったのだろう。埼玉郡の「サキ」を表した可能性のある「前」の墨書土器も出土しており、埼玉郡（評）の正倉の一角にあたるか、または埼玉郡の範囲は広大なためその出先機関の可能性も考えられよう。

f　築道下遺跡　〜武蔵国埼玉郡・水運の拠点的遺跡〜

埼玉古墳群から南に三㎞弱の行田市野にあり、工業団地造成に先立ち調査された。元荒川沿いに一㎞にわたって連なる遺跡で、古墳時代後期から続く。約三㎞北には埼玉古墳群があり、鉄剣が出土した稲荷山古墳の築造とほぼ同時期の五世紀後半に築道下遺跡が始まることから、密接な関係があったと思われる。元荒川の水運に関わる遺跡とみられ、古代では掘立柱建物群が連なるなど官衙的な様相があり、川の港である川津が想定される。また、三×一〇間以上、桁行は一九・七m以上にも及ぶ七世紀後半の長大な建物は、廃棄土坑なども伴っており、初期の評家とみることが許されるなら、その中心施設とも目される。なお、吉見町で調査された西吉見古代道路跡は築道下遺跡の方向に延びており、築道下遺跡は水上交通そして陸上交通の中継点というべき位置にある。万葉集には「埼玉の津」が詠まれた歌があるが、築道下遺跡がまさにそこだったのかも知れない。

g　八幡太神南遺跡　〜武蔵国賀美評家か〜

上里町嘉美にあり、工業団地に関連する工事に先立ち調査された。道路幅の調査であるが、溝や掘立柱建物、竪穴建物が主軸方位を揃え、規格性をもって配置される。遺跡は七世紀後半を中心とし、この時期の畿内産土師器も出土している。地名も勘案し、賀美評家の可能性が考えられる遺跡である。

武蔵国北部には、賀美郡・那珂郡がある。ここからカミ・ナカという郡の前身である評が置かれたこと、シモ評もあった可能性が推定される。シモ評はそのまま郡には引き継がれておらず、その場所は明らかではないが、幡羅郡にあてる考えがある。または幡羅郡内の一部、シモに通じる霜見郷にあてる考えもある。前述したように、規模や内容など評の実態は様々であったと考えられるため、幡羅郡域に関連づけられることの多いシモ評については慎重に検討しなければならない。八幡太神南遺跡は、北武蔵の評段階の様相、そしてカミ・ナカ・シモ評を検討する上で欠くことができない遺跡である。

h　将監塚・古井戸遺跡と山崎上ノ南遺跡　〜武蔵国児玉郡の官衙的遺跡〜

将監塚・古井戸遺跡は、八幡太神南遺跡から約七〇〇m南の本庄市共栄にあり、工業団地建設に先立ち調査された。掘立柱建物や竪穴建物などで構成されるブロックが複数あり、帯金具や転用硯、墨書土器など官衙的な遺物が出土している。中でも「厨」と墨書された土器が注目される。郡の厨家は郡家内だけでなく、郡内、時には郡を越えて活動することも想定される。従って「厨」の墨書土器が出土したことで直ちに郡家とする訳にはいかない。しかし、郡の厨家の活動が及ぶこともあったことは指摘でき、官衙そのものでなくとも、官衙的な機能を補完することもあった遺跡と考えることができる。建物群は郡家のものに比べて小規模で、規格性も低い。郷の役所を意味する郷家とする考えもあるが、郷家と呼ばれる役所の存在については意見が分かれるところであり、この遺跡についても公的な性格をどこまで認められるかという課題がある。

そこから約六㎞南西の本庄市児玉町飯倉には、出挙木簡が出土した山崎上ノ南遺跡がある。木簡には「檜前部名代女が、寺から出挙された稲四〇束に利子をつけて納めた。これを郡の税長である大伴国足が、宝亀二年（七七一）十月二日に確認した」という内容が記されている。近くには瓦を焼いた金草窯跡の存在も推定され、郡家の候補地に挙げられる。

幢竿（どうかん）
のぼり旗を掲げるためのはたざお。

出挙（すいこ）
稲を貸し出して利息を挙げること。官が行う公出挙と私人が行う私出挙がある。元々は営農を支援するためのものだったが、公出挙は次第に租税化して農民にとって大きな負担となり、利稲は重要な財源となった。

十　古代のネットワークと幡羅郡

a．東山道武蔵路と支道

古代律令制国家は、全国を畿内と七道（東海・東山・北陸・山陰・山陽・南海・西海の諸道）に地域区分して支配した。七道には、三〇里（約一六㎞）ごとに駅家が設置され、それぞれに応じた数の駅馬が置かれた。地域や時代によっても変わるが、駅路は幅約一二m程度の直線的な道路で、今でいう高速道路にあたる。緊急時には素早く情報伝達を行うことが可能であった。

幡羅郡が属する武蔵国は、宝亀二年（七七一）に東海道へと所属替えになるまでは東山道に属していた。東山道本道は上野国から下野国へ抜け、それにあたる可能性がある大規模な道路跡が群馬県太田市などで三本確認され、北から国府ルート、下新田ルート、牛掘・矢ノ原ルートと呼ばれており、これらが変遷したことが考えられる。そして、新田郡の新田駅から分岐し、南下して武蔵国府へ向かう支路があった。東山道武蔵路と呼ばれるこの道路跡は、国府のあった東京都府中市や、国分寺市、埼玉県所沢市、坂戸市、利根川の北の群馬県太田市でも発掘調査で確認され、他の駅路と同規模の幅一二m程だったことがわかっている。東山道武蔵路について、『続日本紀』には、「上野国邑楽郡より五つの駅を経て武蔵国に到り…」とある。これにより、新田郡、邑楽郡を経て武蔵国に入ること、武蔵国府に到るまで途中五つの駅家があることがわかる。利根川を渡河した場所は、現在の太田市古戸付近が有力な候補地となっている。

東山道武蔵路を検討できる文字資料として、平城京跡出土木簡に、「武蔵国策覃郡宅子駅菱子一斗五升」「霊亀三年十月」と記したものがある。「策覃」は埼玉郡のことを表すとみられ、霊亀三年（七一七）に菱の実を納めた荷札木簡である。この木簡から、埼玉郡内に駅家があったことがわかる。武蔵路の推定ルートはいくつかあり、奈良神社付近を通る説が有力視されているが、郡域を考えた場合、そのルートではおそらく幡羅郡から大里郡へと抜けることになり埼玉郡を通らないため、埼玉郡宅子駅を通るためには、それより東寄りのルートを考えるべきだろう。東寄りのルートとしては、比企郡の郡家候補地の東松山市古凍、大里郡の郡家候補地の熊谷久下付近をつないだ線が考えられ、先にも挙げた熊谷市上川上の北島遺跡がその延長線上にある。北島遺跡で確認された道路は主に東西に

写真 33. 下郷遺跡道路跡（深谷市教育委員会提供）

走るものであり、幅は一〇m前後と大規模ではあるが、駅路から分岐して郡と郡を結ぶ道路に位置づけられる。出土遺物などからも交通の要衝であったことをうかがわせることから、調査地点のすぐ近くに武蔵路本体が南北に走っていた可能性も考えられる。ここでも郡域の問題が関わってくるが、埼玉郡宅子駅は、幡羅郡を東に広く捉え北島遺跡を幡羅郡域に含めて考えるなら、それより南東にある小敷田遺跡などの周辺に、北島遺跡を埼玉郡域に含めて考えれば、あるいは北島遺跡内に宅子駅の跡が存在することもありうる。

郡と郡を結ぶ道路をここでは郡間道路と呼ぶが、北島遺跡で確認された東西に走る道は幡羅郡と埼玉郡の郡家を結ぶものと思われる。この道路は、幡羅郡家付近から西は旧中山道とほとんど重なってくるとみられ、榛沢郡の熊野遺跡からは旧中山道と若干ずれた位置で幅約六mの道路跡が確認されている。旧中山道の一部の前身は、駅路よりやや規模の小さい古代の郡間道路とみられる。幡羅遺跡の南に広がる下郷遺跡では、郡家と寺院の間に向かって延びる幅約六mの道路が南北に走っていた。これは、郡間道路から分岐して郡家へと向かう道と考えられ、幡羅郡家内を走る斜行道路とともに、郡家への進入路だった。

幡羅郡西端にある楡山神社の北側、深谷市原郷字八日市周辺にある八日市遺跡は、六世紀代の集落が中心で古代の竪穴建物跡は少ないが、奈良時代の竪穴建物跡から、役人が身に着けたであろう帯金具が出土している。そして、遺跡からやや規模の大きい南北に走る道路跡が二本、集落の西部で並行して確認されている。一つは古代、もう一つは方位がやや西に振れ、古代末~中世のものと考えられる。駅路などとはまた別の、上野方面との連絡路であろうか。古代の道路の規模は不明だが、古代末~中世の道路の規模は幅約六mを測る。古代の道路の方もおそらくそれと同程度の規模と推定される。

なお、二本の道路のうち、古代末~中世の道路については、南へ延長すると国済禅寺があある。時代が下るが、応永二四年(一四一七)、この道路を、上杉禅秀の乱を鎮めるために上野から来た大軍勢が通り、国済禅寺がある場所に推定される庁鼻和城に着陣、鎌倉へと

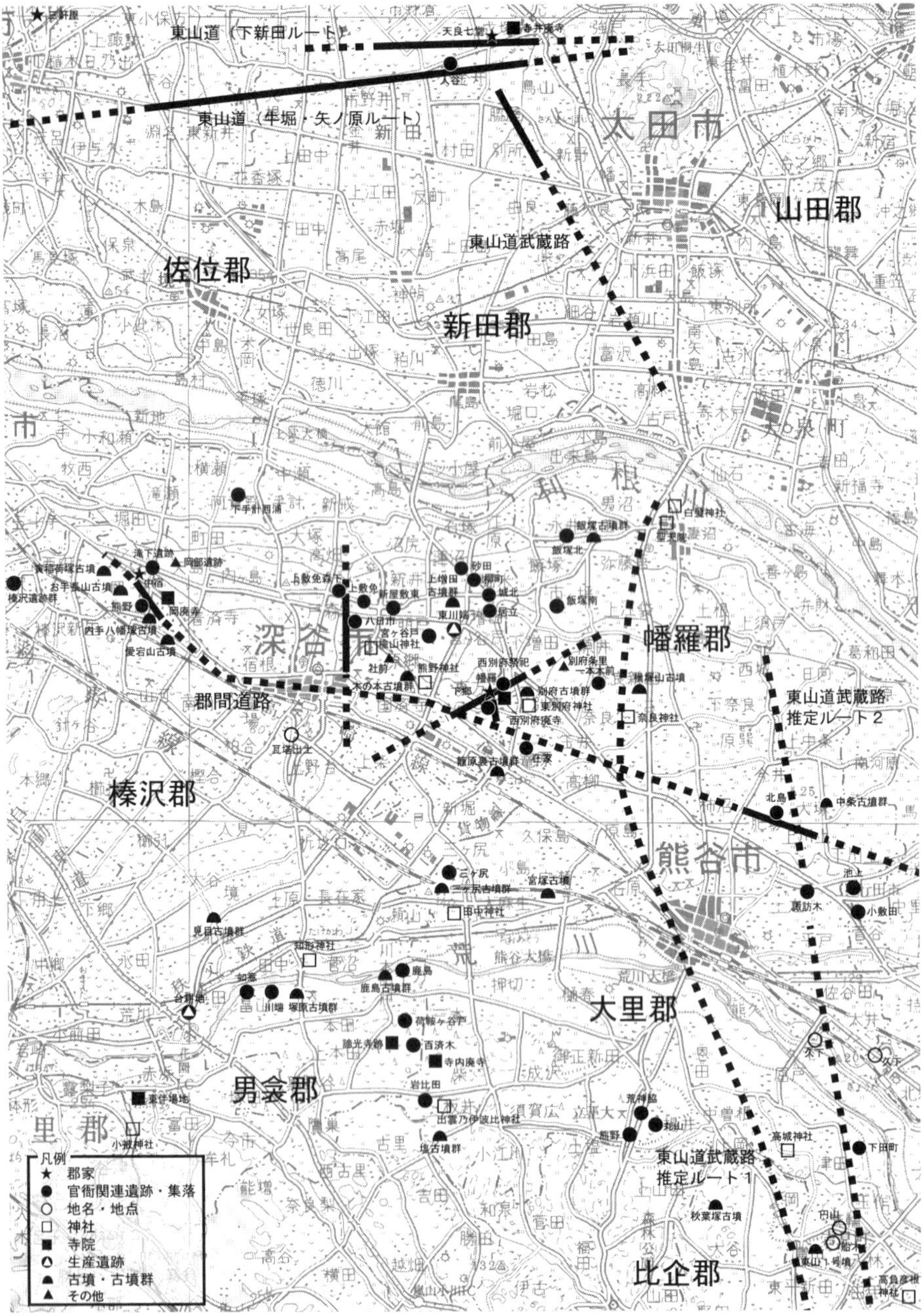

図 22. 幡羅郡周辺の道路推定図

向かったと考えられ、古代から中世にかけて重要なルートだった。なお、道路の遺構は、深谷バイパス建設時の上敷免遺跡の調査では確認されていないが、そのまま直線的に北上すると、太田市世良田へと至る。古くは世良田の渡しがあり、利根川渡河点の一つである。庁鼻和と呼ばれた深谷の地は、新田氏と利根川を挟んで近い距離で対峙しており、室町時代、関東管領上杉憲顕が六男憲英（深谷上杉氏の祖）をここに配置した理由がわかる。

八日市遺跡のすぐ南東にある社前遺跡では、路面幅約二m、すぐ南西にある城西遺跡で路面幅約三・五mの、ともに台地の縁辺を東西に走る道路跡が確認されている。社前遺跡の北には江戸時代に中瀬河岸に向かう「なかぜみち」と呼ばれた道があり、現在の県道が踏襲している。社前遺跡の道路跡は、「なかぜみち」の前身の可能性もある。社前遺跡及び城西遺跡の道路跡は、ともに中世頃とみられるが、位置を若干ずらして、そのルートは古代まで遡るのではなかろうか。道路の規模は、駅路や郡間道路と比較するとかなり小規模で、古代まで遡る道路があったとしても、民衆の生活道路レベルの道路と推定される。いずれにしても、この付近は交通の要衝だったと考えられ、八日市遺跡の古代道路跡や楡山神社の存在などから、古代においても、この地点が重要だったことが想定される。

b. 多賀城跡出土木簡をめぐって

東山道や武蔵路など主要な道路は、軍隊や移民が移動する際にも通ったはずである。東北地方には、中央政府に帰属しない人々が住んでおり、人種的に異なる訳ではないが、日本版中華思想により征服すべき夷狄と位置付けられ、蝦夷と呼ばれた。そして、多賀城などの城柵が造られ、主に関東から移民や兵士が送られた。陸奥国新田郡や賀美郡は、それぞれ上野国新田郡、武蔵国賀美郡からの移民を中心に建郡された可能性がある。移民は服属した蝦夷の地を同化するための政策であり、土器やカマドなど、関東のものに極めて類似したものが多く出土していることが、この地域からの移民があったことを裏付けている。蝦夷とは平時には交易や饗応が行われたが、たびたび戦争もあった。特に大規模なもので、宝亀五年（七七四）に起きた蝦夷による桃生城襲撃に始まり弘仁二年（八一一）に終結する長期にわたる戦争状態は、三八年戦争とも呼ばれる。その戦争の中でも、帰順した蝦夷で陸奥国此治郡の大領だった伊治呰麻呂《これはりのあざまろ》による大規模な乱や、進攻した朝廷軍を苦しめた蝦夷の族長阿弖流為《あてるい》、蝦夷征討に功績があった征夷大将軍の坂上田村麻呂などが良く知られる。

ところで、中央政府による東北経営の要に多賀城があるが、ここから「〈武蔵国幡羅郡米五斗／部領使□□刑部古□□〔万呂カ〕」「〈大同四年十□〔二カ〕月〔　　〕」と記された木簡が出土している。なお、「幡羅」ではなく「播羅」、「古□□〔万呂カ〕」ではなく「古□□〔乙正カ〕」と読む説もある。一斗は一〇升のことである。升の絶対値が地域や時代によって変化しているため斗の値も一定しないが、平安時代の五斗は約三〇kgと思われる。出土したのは、その時幡羅郡から運ばれた荷物の一つである五斗の米に付けられた荷札木簡であり、受け取り先である多賀城で廃棄されたのだろう。古代幡羅郡の個人名は史料に残っていないが、これにより幡羅郡の下級役人に「刑部古万呂」もしくは「古乙正」という人物がいたことがわかる。「刑部」とは、允恭天皇の皇后であった忍坂大中姫に奉仕

図 23. 多賀城出土木簡

（宮城県多賀城跡調査研究所 2012 から引用）

するために設定された名代に由来するとみられ、幡羅郡域にも、古墳時代に刑部（忍坂部）が設定された可能性が考えられる。「刑部古万呂」もしくは「古乙正」は、その後裔だったことが想定される。

大同四年（八〇九）は蝦夷征討が終了する直前であることから、運搬された米は兵糧米として運ばれた可能性がある。または、大同末年頃の陸奥国の公廨《くげ》（国司の俸給）には他国の官稲をあてることが定められていることから、これにあてるための米だったとする見方もできる。いずれにせよ、幡羅郡などが、律令制国家の東北経営に深く関わっていたことを示す貴重な資料であり、その前提には、発掘調査でも明らかになってきている交通網があった。

こうした陸上交通により、郡内、近隣の郡家や武蔵国府のみならず、都や東北および西国などと結ばれていた。そして、陸上交通だけでなく、水上交通も重要であり、これには河川のみならず、用水路のような小さな溝も使われていたと思われる。当時の舟運には、小舟を川岸の人足などが牽引する曳舟が多く用いられたと想定され、これには小舟の幅よりも広めに掘られた溝や小さな河川の方が都合が良かったかも知れない。古代の交通路は、駅路という基幹交通路を中心に大小の水陸交通路が縦横に張り巡らされ、それにより素早い情報伝達や物資の流通を可能にしていたのである。

十一　幡羅郡家の変化と終焉

八世紀後半頃から、農村では税の負担を逃れて浮浪・逃亡する農民が相次ぐ。彼らは力のある貴族や寺院などに受け入れられ、律令制の要である公地公民制などの制度の維持が困難になっていく。幡羅郡内にも耕作放棄され荒廃田が発生しており、承和元年（八三四）、一二三町もの広大な土地が再開発されて冷泉院領となった。別府条里の地がこれにあたる可能性があることは、前述した通りである。

このように社会情勢に変化が目立ってくる九世紀の初頭、弘仁九年（八一八）に関東地方を大地震が襲う。『類聚国史』の記述では、「相模・武蔵・下総・常陸・上野・下野等国地震、山崩谷埋数里、圧死百姓㆑不可勝㆓計㆒」「上野国等境、地震為㆑災、水潦相仍、人物凋損」とあり、被害は広範囲におよんだ。「水潦」は洪水のような状況を表しており、地崩れなどによる鉄砲水があった可能性もあるが、震度五強以上で発生するといわれる液状化現象を意味していることも考えられる。近年の東日本大震災で発生した液状化現象によって水びたしになる様子は、記憶に新しいところである。幡羅郡域の発掘調査では、液状化現象の痕跡である噴砂が各所でみられ、その分布状況から、地震は幡羅郡周辺を中心に起こった可能性があり、その規模は震度六強以上とも想定される（田中二〇一二）。この地震により、幡羅郡家の建物の多くも倒壊したであろう。利根川の対岸にある新田郡家でも被害があり、発掘調査で地割れが確認されている。今や日本全国どこでも災害が起こりうることが指摘されるが、この大地震も千年以上昔のことではあるけれども、現代の私たちに警鐘を鳴らしている。こうした大災害も、荒廃田が発生した大きな要因だったろうし、国家に大きなダメージを与え、時代を動かした原因の一つとなったことは否めないだろう。

幡羅郡家跡では、地割れなどは確認されておらず、遺跡の立地が安定した地盤だったことを示している。ただし、調査ではわからないものの、その頃は礎石建物に建て替えられていた正倉は、礎石より下の基礎が堅牢だったとしても、柱より上の上部構造が倒壊しただろうし、被害は甚大だったと思われる。要因をすべて地震に求めることはできないが、その後の九世紀中葉以降には、曹司群のあった区域は大きく再編され、二重溝による方形区画施設が東西に二ヶ所並んで出現する。ともに二重溝の間が約五mあり、その間に土塁があったとみられ、一部で基底部となる硬化した立ち上がりが確認されている。西側の区画は内郭約一二〇mで、内部の状況の多くは明らかになっていない。北辺には竪穴建物もいくつか存在し、八世紀代の官衙施設とは趣を異にしている。また、東側の区画は内郭約四〇mを測り、内部には大規模な南北棟を含む掘立柱建物が建てられる。館や居宅と考えられる施設で、この時期に郡庁が廃絶していれば、郡家の中枢機能を担っていたとすることもできる。

幡羅郡家で確認されたのと同じような区画施設は、北島遺跡や熊谷市永井太田の飯塚北遺跡、熊谷市上之の諏訪木遺跡でも確認されている。いずれも九世紀後半～一〇世紀頃の居宅と推定され、緑釉陶器や灰釉陶器などの奢侈品を消費していた。この頃の文献史料で、「富豪の輩」と呼ばれた在地の有力者層が台頭してくるが、そうした勢力の一つとも考えられる。遺跡から、郡内の勢力図に変化の兆しがうかがえる。

また、やはりこの頃、東国では「僦馬の党」と呼ばれる群盗が略奪行為を行っていた。昌泰二年（八九九）の太政官符に、「強盗蜂起。侵害尤甚。静尋二由緒一。皆出二僦馬之党一也。何者。坂東諸国富豪之輩。啻以レ駄運レ物。其駄之所レ出皆縁二掠奪一。」とある。富豪の輩は私営田の経営などにより、律令制的な土地支配を解体に導いたといわれるが、略奪という反社会的行為でも律令制社会を脅かす存在だったのである。こうした事象にみられるように、律令制による秩序が崩壊していくことに伴い治安は悪化しており、それに対応して、土塁なども備えた防御的な施設が現れたのだろう。

時代が少しだけ下り、一〇世紀中頃の天慶二年（九三九）には、有名な平将門の乱が起こる。乱の背景は複雑でありここではあまり触れないが、常陸国の土豪、藤原玄明が税の滞納や国司への乱暴を働いたことで逮捕状を出され、これに対して玄明が常陸国行方郡と河内郡の不動倉を襲撃、「遠年之儲、非常之備」として収納されていた不動穀や糒（米を蒸して乾燥させた保存食料）を略奪して将門に庇護を求めたことが、乱の発端となった事件の一つである。なお、茨城県つくば市の金田官衙遺跡が河内郡家跡とされ、正倉跡などが確認されている。その後、将門は常陸・下野・上野国府を奪い、武蔵・相模を巡検して印鎰を手に入れる。印鎰は、国の印と国の倉庫の鍵のことである。国の倉庫、すなわち正倉は、玄明に襲撃された河内・行方郡のみならず各郡家に置かれ、満倉となった不動倉は封印され、都からの許可がなければ開けることは許されなかった。国の印鎰を奪ったということは、国家の権力と財を奪ったということである。翌年に、将門の戦死をもって乱は終結するが、すでに揺らいでいた律令制による秩序の維持が難しいことが露呈したのである。幡羅郡家でも、ちょうどこの頃、一〇世紀前半をもって正倉院は廃絶している。将門の乱は、古代律令体制から次の時代への移り変わりを告げる象徴的な事件だったのである。幡羅遺跡は正倉院廃絶後も、一一世紀前半まで大規模な区画施設が営まれるが、もはやかつての郡家とは性格の異なるものだったに違いない。

幡羅郡家の変化とともに、寺院と祭祀も変化していく。西別府廃寺は、九世紀後半まで存続していた寺院としての機能が一〇世紀前半までには無くなり、すでに伽藍が失われている状態になる。その後、敷地には竪穴建物が造られ居住域になるが、一〇世紀前半の竪穴建物跡などから灯明皿が多量に出土しており、献灯による仏事が行われていたと推定されている。実態は不明だが、小規模な堂などが遺跡内にあったのだろうか。

崖線上には、郡家の変質とともに一〇世紀後半頃から集落が進出し、西別府祭祀遺跡では、一一世紀前半まで土器による祭祀が行われる。祭祀が行われていた低地のすぐ近くにある竪穴建物跡からは、「器佛」の墨書土器や灯明皿などが出土している。祭祀遺跡でも仏教的な行為が行われたことがうかがえ、西別府廃寺の解体を契機として、祭祀もその内容が少し変化したものと思われる。

幡羅郡家は、公的な機能の低下に伴って構造の変化を遂げながら、他の郡家と同様、やがて機能を失っていく。律令制の象徴でもあった正倉は一〇世紀前半に、幡羅官衙遺跡群全体は一一世紀前半には廃絶する。区画をなしていた二重溝も埋没し、その上層には天仁元年（一一〇八）に噴火した浅間山の火山灰が薄っすらと積もっている。幡羅官衙遺跡群やその他多くの遺跡からは、支配される側だった民衆の中から台頭してくる人々の姿が垣間見え、律令制による古代社会から、中世社会へと変化していく時代の移り変わりを想像することができる。

地域の核であった幡羅郡家が廃絶後は、各地で武士団が形成され、中世的な社会へと移行していく。幡羅郡家跡の周辺では、東西に地域の中心が分かれ、東では別府氏が成長する。西には一四世紀後半に深谷（庁鼻和）上杉氏が入部した後に東方城が築かれたと思われるが、それ以前にはすでに城館があったことが確認されている。『吾妻鏡』の中の「造閑院殿雑掌の事」建久二年（一二五〇）には、庁鼻和左衛門の名が記されており、御家人の中に庁鼻和氏がいたことがわかる。中世の史料にみられる庁鼻和の地名は深谷市国済寺付近と思われるが、「庁鼻和」という名が、「役所」や「台地の端」を連想させることから、庁鼻和氏が元々は幡羅郡家跡の西方にいたのではないかという考えも浮かぶ。

中世以降、郡家跡周辺における人々の活動域は東西に分かれ、更に江戸時代に入ると旧中山道沿いを中心に栄えたことから、かつては古代幡羅郡の中心であった幡羅官衙遺跡群は、その後の歴史から取り残され、古代に埋もれたままの状態で、現代の私たちの前に姿を現したのである。

参考文献

飯島吉晴『竈神と厠神』講談社、二〇〇七
石母田正『日本の古代国家』岩波書店、一九七一
伊勢崎市教育委員会『三軒屋遺跡―総括編―』二〇一三
市大樹「荷札木簡からみた「国―評―五十戸」制」『古代地方行政単位の成立と在地社会』奈良文化財研究所、二〇〇九
太田市教育委員会編『天良七堂遺跡三』二〇一二
岡部町教育委員会編『古代の役所―武蔵国榛沢郡家の発掘調査から―』二〇〇二
加藤謙吉『秦氏とその民』白水社、一九九八
金井塚良一「東日本の人物埴輪と高句麗壁画」『全国埋文協会報』№三五、一九九三
川本町遺跡調査会編『百済木遺跡』二〇〇三
木本雅康『古代の道路事情』吉川弘文館、二〇〇〇
行田市教育委員会『酒巻古墳群　昭和六一年度～昭和六二年度発掘調査報告書』一九八八
行田市郷土博物館編『第五回企画展　朝鮮半島から武蔵へ海をわたってきた文化』一九九一
熊谷市教育委員会編『籠原裏古墳群』二〇〇五
熊谷市教育委員会編『西別府祭祀遺跡、西別府廃寺、西別府遺跡　総括報告書I』二〇一三
熊谷市教育委員会編『熊谷市史　資料編一』二〇一五

熊谷市教育委員会編『在家遺跡』二〇一五
熊谷市教育委員会編『熊谷市史　別編二』二〇一六
熊谷市教育委員会編『西別府祭祀遺跡Ⅳ』二〇一六
栗田竹雄「荒川中流の洪水について」『秩父自然科学博物館研究報告』九、一九五九
古代交通研究会編『日本古代道路辞典』八木書店、二〇〇四
埼玉県『埼玉県史料叢書一一　古代中世新出重要史料一』二〇一一
埼玉県埋蔵文化財調査事業団編『東川端遺跡』一九九〇
埼玉県埋蔵文化財調査事業団編『新屋敷東・本郷前』一九九二
埼玉県埋蔵文化財調査事業団編『清水上遺跡』一九九四
埼玉県埋蔵文化財調査事業団編『城北遺跡』一九九五
埼玉県埋蔵文化財調査事業団編『宮ケ谷戸／根岸／八日市／城西』一九九五
埼玉県埋蔵文化財調査事業団編『北島遺跡Ⅸ』二〇〇四
埼玉県編『新編埼玉県史　通史編一』一九八七
埼玉考古学会編『坂東の古代官衙と人々の交流』二〇〇二
佐藤信『古代の地方官衙と社会』山川出版社、二〇〇七
塩野博『埼玉の古墳』さきたま出版会、二〇〇四
篠川賢『大王と地方豪族』山川出版社、二〇〇一
須田勉「幡羅遺跡と宗教」『シンポジウム郡家の成立と機能―幡羅遺跡をめぐる諸問題―』

深谷市教育委員会、二〇一一
田中広明「弘仁の大地震と地域社会」『考古学からみた災害と復興』
東国古代遺跡研究会、二〇一二
田中広明『国司の館』学生社、二〇〇六
知久裕昭「幡羅遺跡の調査成果」『シンポジウム郡家の成立と機能─幡羅遺跡をめぐる諸問題』
深谷市教育委員会、二〇一一
知久裕昭「前期評家についての一考察」『埼玉考古』第五一号、二〇一六
土田直鎮『古代の武蔵を読む』吉川弘文館、一九九四
富山博『日本古代正倉建築の研究』法政大学出版局、二〇〇四
鳥羽政之「北武蔵の郡家─熊野・中宿遺跡の調査─」
『シンポジウム郡家の成立と機能─幡羅遺跡をめぐる諸問題─』
深谷市教育委員会、二〇一一
奈良文化財研究所編『古代地方行政単位の成立と在地社会』二〇〇九
平川南『律令国郡里制の実像』吉川弘文館、二〇一四
藤野龍宏監修『埼玉の考古学入門』さきたま出版会、二〇一六
別府村史研究会編『別府村史』二〇一六
堀口萬吉他「荒川の河道変遷」『荒川─自然─』一九八七
水谷千秋『謎の渡来人秦氏』文藝春秋、二〇〇九

妻沼町役場編『妻沼町誌』一九七七
妻沼町・妻沼町教育委員会編『妻沼町誌　全』一九九五
服部英雄『武士と荘園支配』山川出版社、二〇〇四
鳩山町教育委員会編『新沼窯跡　第一次〜第四次発掘調査報告書』二〇一六
平川南「郡符木簡―古代地方行政論に向けて」『律令国家の地方支配』吉川弘文館、一九九五
深谷市教育委員会編『明戸南部遺跡群Ⅰ』一九九一
深谷市教育委員会編『砂田／天神／宮ケ谷戸遺跡Ⅱ』一九九五
深谷市教育委員会編『八日市遺跡』二〇〇三
深谷市教育委員会編『下郷遺跡Ⅱ』二〇〇四
深谷市教育委員会編『幡羅遺跡Ⅰ』二〇〇六
深谷市教育委員会編『幡羅遺跡Ⅱ』二〇〇七
深谷市教育委員会編『幡羅遺跡Ⅲ』二〇〇八
深谷市教育委員会編『幡羅遺跡Ⅳ』二〇〇九
深谷市教育委員会編『幡羅遺跡Ⅴ』二〇〇九
深谷市教育委員会編『幡羅遺跡Ⅵ』二〇一〇
深谷市教育委員会編『下郷遺跡Ⅳ』二〇一〇
深谷市教育委員会編『幡羅遺跡Ⅶ／下郷遺跡Ⅴ』二〇一一
深谷市教育委員会編『シンポジウム郡家の成立と機能―幡羅遺跡をめぐる諸問題―』二〇一一

深谷市教育委員会編『幡羅遺跡Ⅷ—総括報告書Ⅰ—』二〇一二
深谷市教育委員会編『下郷遺跡Ⅵ』二〇一二
深谷市教育委員会編『上敷免森下遺跡（第二次）』二〇一三
深谷市教育委員会編『下郷遺跡Ⅶ』二〇一三
深谷市教育委員会編『下郷遺跡Ⅹ』二〇一六
深谷市教育委員会編『下郷遺跡Ⅻ』二〇一七
宮城県多賀城跡調査研究所編『多賀城木簡Ⅰ』二〇一二
森田悌『古代の武蔵』吉川弘文館、一九八八
山中敏史『古代地方官衙遺跡の研究』塙書房、一九九四
吉田東伍『大日本地名辞書　第六巻』冨山房、一九〇三

「武蔵国幡羅郡からみた古代史」　写真・図版一覧

写真

図

おわりに

古代幡羅郡の中心たる幡羅遺跡が発見されてから一五年以上が経った。初めに正倉の基礎地業を確認した時は、背筋がゾクッと震えるような感覚になったのを覚えている。また、周囲の反応も非常に大きかった。その後は、遺跡の全体像を確認すべく調査に邁進し、途中からはひたすら郡庁を追い求めて調査してきた感がある。目標とした郡庁は未だに確認できていないが、他の遺構群や遺物との思わぬ出会いが常にあり、この遺跡のもつ奥の深さを実感させられた。そうした調査の積み重ねの結果、幡羅郡家の実態が浮かび上がってきた。今思うと、すべて遺跡に導かれてきたような気もする。それだけ、筆者にとってこの遺跡は大きな存在であり、幡羅という地域に特に関心をもつきっかけでもあった。調査の進展によって幡羅郡家の全体像は明らかになってきたが、郡内の政治・経済の中心地であり、地域の様々な事情を大きく反映しているはずのこの遺跡について、まだまだ検討すべき課題は尽きない。そうした点を想像で補って考えていける所にも歴史の面白さがある。

幡羅郡家の郡庁が未発見ということにより、議論の幅が広がる余地があることも、この遺跡の魅力を更に引き出すことになりうる。

古代の幡羅郡については、これまでも主に歴史学、歴史地理学や考古学、そして伝承などから検討されてきた。このうち考古学の分野が、近年の調査により大きく進展した。これまで述べてきたように、遺跡の発掘調査で確認される遺構や遺物という生の証拠によって、また出土した土器や瓦などを地道に分析していくことによって、これまで以上に真に迫って深くアプローチすることが可能になったといえる。一番大きな成果は、もちろん地域の中心であった幡羅郡家を巡るものであり、郡家の場所が特定されたことと、その全体像が明らかになってきたことで、行政、生産流通など幡羅郡全体のこともより一層具体的に語れるようになった。古代幡羅郡を理解するためには、幡羅郡家を明らかにしていくことは最も重要かつ近道であり、地域にとって、また日本の歴史にとっても重要なこの遺跡が後世まで残されるべきである。しかし、当然のことながら、幡羅郡家跡だけでは幡羅郡全体を十分に明らかにすることはできない。幡羅郡の歴史を更に深く追及していくためには、調査の後に最終的に開発によって消滅することになってしまう数多くある集落などの遺跡もまた重要なのであり、だから、たとえすでに消滅してしまった遺跡があったとしても、そこにどんな遺跡があったのか、ということを伝えていくことが必要だと思う。今も使っている「幡羅」という地域名があるように、古代の名残りは、現代に至っても私たちの身近な所に意外と多く存在する。しかし、こうしたものも意識しなければ、ここ数十年で急速に変わってしまった景観と同じように、急激な社会の変化の中でいつの間にか失われかねない。先に述べたように、国家の中央からも認識されていた主だった神社、また郡の範囲さえも正しく伝承されなければわからなくなってしまうこともあるのである。私たちには、先人たちが繋いできた歴史の継承者としての役割がある。

幡羅郡という一地域の歴史の証言者である遺跡にとって、それに携わる者の愛着が大きければ大きい程、遺跡は雄弁に語ってくれるのではなかろうか。私自身は、遺跡のもつ価値を十分に引き出せていないのではなかろうかと危惧の念を抱きつつも、今後も遺跡と語り合っていきたいと思う。皆さまもぜひ、ここに登場した遺跡や神社などを訪れて、それぞれ想いを巡らせてほしい。本書がそのきっかけの一つになれば、この上ない幸いである。

最後に、本稿を書き上げるにあたり御指導と激励をして下さいました高橋一夫先生、これまで幡羅遺跡を始めとする様々な遺跡の発掘調査をご指導くださいました諸先生、諸先輩方、並びに多大なるご協力を賜りましたすべての方々、そして、本書の刊行についてお世話になりました、まつやま書房の皆様に、厚く御礼申し上げます。

本書を脱稿後、幡羅遺跡が西別府祭祀遺跡とともに、幡羅官衙遺跡群（幡羅官衙遺跡・西別府祭祀遺跡）という名称で、国史跡に指定されることとなった。この遺跡の価値が高く認められ、将来にわたって保存されることになったことに大きな喜びを感じるとともに、ここからが新たなスタートであることを痛感している。まずは、これまでお世話になったすべての方々に、心から感謝申し上げたい。

著者略歴

知久　裕昭　（ちく　ひろあき）

1973年　栃木県下都賀郡野木町生まれ
1996年　明治大学文学部卒業
1998年　深谷市教育委員会に勤務

主な著書

『東国の古代官衙』（共著　高志書院）
『古代東国の地方官衙と寺院』（共著　山川出版社）
『日本古代の郡衙遺跡』（共著　雄山閣）
「武蔵国幡羅郡家跡の調査」
　『条里制・古代都市研究』第22号（条里制・古代都市研究会）
「幡羅遺跡とその周辺遺跡」『国史学』第198号（国史学会）
「北武蔵における評の成立」『埼玉の考古学Ⅱ』（埼玉考古学会）
「古代官衙周辺における柱堀方」『埼玉考古』第50号（埼玉考古学会）
「前期評家についての一考察」『埼玉考古』第51号（埼玉考古学会）
　幡羅遺跡発掘調査報告書など発掘調査報告書多数

北武蔵歴史探訪

武蔵国幡羅郡から見た古代史

2018年1月30日　初版第一刷発行
著　者　知久裕昭
発行者　山本　正史
印　刷　恵友印刷株式会社
発行所　まつやま書房
〒355－0017　埼玉県東松山市松葉町3－2－5
Tel.0493－22－4162　Fax.0493－22－4460
郵便振替　00190－3－70394
URL:http://www.matsuyama－syobou.com/

ISBN 978-4-89623-110-6　C0021